INTRODUCTION
À
L'HISTOIRE DE CAYENNE

SUIVIE D'UN

RECUEIL
de
CONTES, FABLES & CHANSONS
EN CRÉOLE

avec traduction en regard

NOTES & COMMENTAIRES

PAR

Alfred DE S'-QUENTIN

ancien élève de l'école polytechnique

ET D'UNE

ÉTUDE
SUR LA
GRAMMAIRE CRÉOLE
PAR
Auguste DE S'-QUENTIN

ANTIBES

J. MARCHAND, LIBRAIRE-ÉDITEUR

1872

INTRODUCTION
A
L'HISTOIRE DE CAYENNE

CONTES, FABLES & CHANSONS
EN CRÉOLE

NOTES & COMMENTAIRES

ÉTUDE
sur la
GRAMMAIRE CRÉOLE

ANTIBES. — IMPRIMERIE DE J. MARCHAND.

INTRODUCTION

A

L'HISTOIRE DE CAYENNE

SUIVIE D'UN

RECUEIL

de

CONTES, FABLES & CHANSONS

EN CRÉOLE

avec traduction en regard

NOTES & COMMENTAIRES

PAR

Alfred DE St-QUENTIN

ÉTUDE

SUR LA

GRAMMAIRE CRÉOLE

PAR

Auguste DE St-QUENTIN

ANTIBES

J. MARCHAND, LIBRAIRE-ÉDITEUR

1872

INTRODUCTION
A
L'HISTOIRE DE CAYENNE

AVANT-PROPOS

Au moment où je quitte une carrière sérieuse dont j'ai rempli sérieusement les devoirs pendant près d'un demi-siècle, on s'étonnera peut-être de me voir publier un opuscule d'apparence toute futile, sur une colonie languissante et décriée. On aurait tort : sept années de mon enfance et vingt années de mon âge viril se sont écoulées à la Guyane et comptent largement dans mon passé. Le présent est si fugitif et souvent si triste, il y a si peu de place dans l'existence d'un homme entre le désir et le regret, que, le plus souvent, au soir de la vie, pour faire encore battre son cœur, il faut regarder en arrière, il faut reposer sa vue sur quelque lambeau du ciel bleu, au milieu des nuages sombres d'où sont sortis les orages et les désastres ; et quand les épines de la route nous ont laissé tant de stigmates ineffaçables, tant de blessures profondes et toujours saignantes, pourquoi négliger de recueillir précieusement quelques fleurs desséchées qui ramènent encore un sourire sur nos lèvres ?

Qu'on me pardonne donc ce petit livre : pour moi c'est un reflet du ciel bleu, c'est une fleur desséchée.

Alfred DE St-QUENTIN.

Antibes, mai 1872.

INTRODUCTION A L'HISTOIRE DE CAYENNE

I

COUP D'OEIL GÉNÉRAL SUR LES GUYANES

Lorsque Christophe Colomb, en 1498, à son troisième voyage, découvrit le continent américain près des bouches de l'Orénoque, au nord de la Guyane, son imaginaiton, exaltée par l'aspect de la nature merveilleuse et grandiose qu'il avait devant les yeux, lui fit croire, de bonne foi, qu'il avait rencontré l'emplacement du paradis terrestre.

Lorsque, l'année suivante, Alphonse d'Ojéda et Améric Vespuce abordèrent la même contrée par le sud, vers l'Amazone, à la première tentative qu'ils firent pour communiquer avec les indigènes, plusieurs de leurs hommes furent massacrés, rotis et mangés sous leurs yeux. Ils crurent un instant qu'ils avaient rencontré un pays peuplé de démons.

Depuis lors, l'opinion que l'on s'est faite de la Guyane, bien que contenue par les idées modernes dans des limites plus sévères, a toujours oscillé entre ces deux extrêmes fantastiques, *Paradis* ou *Enfer*. De là un enthousiasme ou un dédain également immérités. Nous sommes dans une des périodes où le nom seul de *Cayenne* inspire en France un sentiment de répulsion. Ce n'est pas ici le lieu de réagir sérieusement contre un injuste et funeste préjugé; le moment serait d'ailleurs mal choisi pour tenter d'appeler l'attention sur nos possessions lointaines; mais, puisque l'occasion s'en présente, j'essaierai de soulever un coin du voile qui cache la vérité. L'heure de la justice et de l'application des idées saines et fructueuses sonnera sans doute un jour; qui sait si des réflexions, dictées par une conviction profonde basée sur l'expérience, ne contribueront pas à avancer cette heure de quelques instants?

La Guyane est cette vaste contrée que l'océan Atlantique baigne entre les bouches de l'Orénoque et celles de l'Amazone. Le premier de ces grands fleuves l'embrasse dans tout son cours. Les sources de l'Amazone surgissent à plus de 1,100 lieues de la mer, au pied des Cordillières du Pérou et de la Bolivie, dont il recueille les eaux en courant du sud au nord; puis, se dirigeant vers l'est, il suit l'équateur, à peu de distance, pendant 800 lieues. Il ne commence à servir de limite sud à la Guyane qu'à 350 lieues de son embouchure, à son confluent avec le Rio-Negro. Les limites suivent alors cet affluent, qui s'infléchit vers le nord et communique avec le haut Orénoque par le Cassiquiare, étrange canal naturel, phénomène hydrographique dont l'existence a été considérée comme paradoxale jusqu'au jour où Humboldt le parcourut au commencement de ce siècle.

Le centre de cette sorte d'île immense est occupé par un massif montagneux, peu élevé si on le compare à la chaîne gigantesque des Cordillières, mais dont la formation géologique est sans doute la plus ancienne du nouveau continent (a).

Le haut Orénoque, le Cassiquiare et le Rio-Negro forment une ligne à peu près parallèle aux Cordillières, dont ils sont séparés par une plaine de 200 ou 300 lieues de largeur. Cette plaine isole la Guyane à l'intérieur mieux que ne le ferait l'océan. Elle mérite quelques lignes de description, parce qu'elle nous présente le tableau de la nature dans la luxuriante mais sombre majesté dont elle se revêt lorsque, dans une région équatoriale basse et humide, elle peut déployer sa puissance, loin des entraves de l'industrie humaine.

Cette contrée, qui s'étend au sud bien au-delà de l'Amazone, constitue une des plus vastes régions à peu près inexplorées de notre globe. Elle est complétement de niveau; c'est une alluvion lacustre tellement profonde, qu'il y a là des peuplades qui n'ont jamais vu de pierres. Lorsque, déplacés à la suite de quelque voyageur européen, ces sauvages en rencontrent pour la première fois, ils s'en chargent d'abord comme d'un objet rare et précieux. Une forêt continue de végétaux gigantesques croît sur ce riche humus; leurs têtes se pressent de telle sorte que le soleil ne visite jamais leurs pieds. L'humidité chaude y est éternelle; car là, pendant huit mois de l'année, s'abattent ces pluies équatoriales dont les pluies d'orage ne donnent qu'une faible idée en Europe. La masse énorme des eaux ainsi tombées, divaguant sur cette surface sans grandes lignes de pente, forme un réseau inextricable de rivières tributaires des deux grands fleuves, et explique la puissance de leur cours.

Chaque soir, sous les voûtes de la forêt, s'élèvent des nuages d'insectes malfaisants qui en rendent le séjour insupportable à l'homme civilisé. Là se rencontrent des reptiles de toute sorte dont les dimensions et l'étrange aspect rappellent les créations antédiluviennes. Le jaguar, plusieurs autres espèces des grands félins, l'anta ou tapir aux formes grossières, cent espèces de singes, des variétés sans nombre de mammifères et d'oiseaux, des insectes monstrueux ou doués de facultés étranges, comme les fulgores et les carabes fulminants, se multiplient dans cette région mystérieuse où l'espèce humaine est représentée seulement par quelques peuplades farouches que les plus habiles et les plus intrépides explorateurs n'ont pu qu'entrevoir (b).

Dans notre Guyane on rencontre sans doute des localités auxquelles s'appliqueraient cette effrayante description ; mais nous verrons que la différence, radicale dans l'ensemble, est entièrement à son avantage.

La partie du littoral dont on ne nous a jamais contesté la possession légitime a 75 lieues de développement, entre l'Oyapock et le Maroni. Ses limites à l'intérieur ne sont fixées par aucunes conventions internationales, et un litige qui date du traité d'Utrecht (1713) nous fait disputer par le Brésil la souveraineté du territoire correspondant à 70 autres lieues de côtes vers l'Amazone (c).

Quelle que doive être l'issue de ce long conflit diplomatique, nous possédons déjà un admirable territoire qui semble devoir être le point de départ naturel pour la lutte que la civilisation et l'industrie humaine entreprendront inévitablement un jour contre la nature indomptée, mais si pleine de sève, dont nous avons esquissé l'aspect à grands traits.

Il ne nous est pas permis, même dans nos malheurs, d'oublier et de délaisser cette belle part de notre héritage ; car, je l'ai dit ailleurs avec conviction, « lorsqu'il s'agit d'un intérêt national permanent, chaque génération doit compte à celles qui la suivent des éléments de grandeur qu'elle a reçus de celles qui l'ont précédée. »

Or, qui pourrait dire à quelles brillantes destinées seront appelées les régions équatoriales de l'Amérique, lorsque l'Amazone, cette mer intérieure dont les rives accessibles à la navigation ont autant de développement que toutes celles de la Méditerranée, seront couvertes de populations industrieuses ? Cette éventualité lointaine n'est sans doute réalisable que par l'introduction simultanée, et dans des proportions convenables, de colons blancs et de cultivateurs demandés aux races intertropicales ; sans doute cette immigration difficile, sagement mais largement organisée, peut seule faire naître une grande famille locale, qui puiserait dans sa double origine les plus puissants éléments de succès, des mœurs européennes et une constitution physique appropiée au climat; mais le jour est prochain, heureusement, où les derniers vestiges de l'esclavage auront disparu dans toutes les possessions des peuples chrétiens; alors l'Afrique, la grande pépinière des races qui bravent impunément le soleil au zénith, pourra épancher leur excédant sur le continent opposé; alors la race blanche pourra sans crime diriger cette grande migration à l'avantage de tous.

Que l'on ne s'y trompe pas, en effet : les plaines qu'arrosent l'Amazone et l'Orénoque, ces alluvions les plus fécondes de notre globe, ne sauraient rester à jamais sans culture; la forêt tombera sous la hache, le soleil fera mûrir d'inépuisables moissons sur ce sol que ses rayons ne visitèrent jamais pour les assainir; l'homme envahira le domaine des bêtes farouches et des reptiles monstrueux; là grandiront des peuples aussi nombreux et aussi riches que ceux qui se pressent depuis l'origine des temps historiques, et dans des conditions climatériques semblables, sur les rives du Gange et de l'Indus.

Nulle part la nature féconde n'est indomptable.

Il y a plus, elle récompense toujours magnifiquement les peuples qui l'étudient avec intelligence, qui luttent contre elle avec persévérance et qui la soumettent par leur énergie. Mais cette victoire exige des vertus et des qualités qui semblent, hélas! bien affaiblies aujourd'hui dans notre caractère national. Il faut, prenant l'expérience pour guide, avancer pas à pas, sans entraînement, avec prudence; il faut accepter les échecs inévitables comme des leçons utiles, en étudier les causes et marcher ensuite en avant avec fermeté et surtout avec constance. Puissions-nous entrer enfin partout dans cette voie!

Le littoral de notre Guyane fait saillie dans l'océan, et les vents alizés viennent la rafraîchir pendant toute l'année. Les derniers rameaux du massif montagneux de l'intérieur se dessinent sur toute la côte de l'île de Cayenne proprement dite, et ont probablement été la cause géologique de la saillie dont nous venons de parler. Les terrains secs et fertiles sur lesquels ils se dressent dispensent des travaux de dessèchement qu'ont dû faire tout d'abord nos voisins les Hollandais et les Anglais, avant de construire le moindre bourg, ou d'entreprendre les moindres cultures; car, chez eux, il faut franchir de larges alluvions marines pour atteindre un sol ferme et à l'abri de la visite quotidienne des marées.

Cette situation exceptionnelle fait comprendre pourquoi notre colonie est plus saine que Surinam et Démérari.

Indépendamment des embouchures de plusieurs rivières qui forment des ports naturels accessibles à des navires de 200 et 300 tonneaux, les îlots du Salut offrent, sur les côtes, la seule rade sûre et facile à fortifier que les grands vaisseaux de guerre puissent fréquenter entre l'Amazone et les Antilles. On ne saurait trop appeler sur ce fait l'attention de ceux qui s'intéressent à notre puissance maritime.

Pour la fertilité générale, notre domaine égale les régions intropicales les plus favorisées; l'adversaire le plus fatiguant du cultivateur est l'indomptable énergie de la végétation, qui envahit le sol qu'il a défriché. Abandonne-t-il son champ pendant deux années seulement, il faudra détruire un bois taillis pour le reprendre.

Entre la première zone du littoral et les montagnes de l'intérieur, on trouve de vastes savanes, pâturages naturels identiques à ceux qui ont fait, dès le principe, la richesse des provinces portugaises du Para et de Maragnan.

Les forêts sont inépuisables en bois de construction et d'ébénisterie.

Enfin l'on y exploite, depuis quelques années, le long des rivières, des alluvions aurifères dont le rendement se développe chaque jour, et qui semblent indiquer de grandes richesses minérales dans les roches primitives de l'intérieur [d].

Telle est la contrée que nous possédons dans l'Amérique du sud, et dont la superficie égale peut-être le tiers de celle de la France. Indiquons rappidement, en ne faisant que de la statistique à grands traits, à quel point nous en sommes de sa colonisation après plus de 250 ans d'occupation.

II

LA GUYANE FRANÇAISE

Faisons d'abord abstraction des *Indiens*, population aborigène dont nous parlerons plus bas. Toute évaluation de leur nombre est à peu près arbitraire aujourd'hui. Vivant par petits groupes dispersés dans l'intérieur, ils ne sont pas recensés, et échappent à notre influence réelle.

D'après les derniers documents officiels publiés par le département de la marine, la population fixe de la Guyane française se compose de 17,831 individus, dont la population blanche forme la quinzième partie, soit environ 1,150 personnes.

Reculons de trente-quatre années : en 1838, les recensements officiels constataient l'existence de 20,940 individus, dont 15,751 esclaves noirs, et la race blanche était encore représentée par le même chiffre que ci-dessus.

Ainsi, dans un tiers de siècle, sous tant de régimes métropolitains différents, 24 ans après l'émancipation des esclaves, la population aurait diminué de près de 3,000 âmes, si le vide n'avait été comblé par un nombre presque identique d'immigrants africains, indous et chinois, engagés à temps, qui font partie de la population flottante.

Tous les autres éléments de la statistique générale découlent de ce fait capital avec une logique inflexible : les tableaux du mouvement commercial constatent que, comme on devait s'y attendre, la suppression subite du travail obligatoire, en 1848, n'ayant pas été suivie d'une immigration suffisante de travailleurs libres, la valeur des produits du sol exportés a considérablement diminué. En 1840, elle était de 2 millions 474,000 francs; en 1868, elle n'était plus que de 1 million 637,000 francs, et encore ce chiffre comprend-il le fruit du travail de quelques milliers de transportés plus ou moins isolés de l'ancienne colonie.

Cependant, les tableaux d'ensemble de la valeur des importations et des exportations de tout genre en 1868 accusent, pour le commerce général de la Guyane, le chiffre brillant de 9 millions 613,000 francs, non compris 160,000 francs de numéraire venu de France et 1 million 178,000 francs de numéraire exporté de la colonie; soit, pour l'ensemble du trafic, 10 millions 959,000 francs. En 1840, ce mouvement était de moitié moindre.

Que l'on ne se hâte pas d'applaudir; ce serait une grave erreur. En effet, si l'on fondait au milieu de l'océan, sur un rocher désert et stérile, une colonie uniquement composée de 6,000 ou 8,000 transportés, gardée et administrée par 1,200 ou 1,500 militaires ou fonctionnaires; si l'on y entretenait une station navale, on y verrait bientôt naître le commerce nécessaire pour faire vivre tout ce personnel, qui consomme et ne produit pas; des navires y arriveraient chargés d'objets de consommation et emporteraient en retour les deniers de l'État, écoulés sous forme de solde, salaire et entretien. Serait-ce avoir fondé une véritable colonie, serait-ce avoir ouvert un débouché intelligent au commerce métropolitain? Non : le commerce utile ne peut reposer que sur des ventes de nos produits à l'étranger ou sur des échanges avec nos produits coloniaux; or, vous n'auriez formé qu'un groupe de consommateurs dont l'État payerait la dépense en écus ou en traites sur le Trésor, voilà tout. C'est cependant l'expression non exagérée de ce qui se passe à la Guyane, si l'on tient compte de sa faible population agricole, des minces produits qu'elle livre à l'exportation, des revenus coloniaux qui ne suffisent pas à la dépense locale et des millions que la France y envoie.

Que l'on ne s'imagine pas que je veux faire le procès des dispensateurs actuels des deniers de l'État, révéler des fautes récentes. Non, certes! Je ne veux que déplorer des erreurs séculaires et hâter de mes vœux le jour où, sans reculer, on utilisera les efforts déjà faits, pour entrer largement dans une voie nouvelle de progrès pratique et fructueux.

L'état illogique et misérable de notre belle colonie est l'héritage d'un long passé; il résulte d'abord de nos idées et de nos mœurs, puis de nos institutions formalistes que nous importons partout et toujours avec des rouages identiques, qu'il s'agisse d'administrer et d'assimiler une population compacte et qui se compte par millions d'âmes, ou de peupler une vaste contrée où l'on n'a pas encore pu fixer 18,000 habitants de toutes races [e].

A la Guyane, sous l'influence de ces faux principes, la force productive de la population créole, déjà si faible, tend à s'amoindrir encore ; tout individu sachant lire et écrire ambitionne et obtient bientôt quelque modeste emploi, et fuit, à l'ombre d'un bureau, les labeurs de la campagne. Les familles les plus éclairées et qui resteraient volontiers attachées au pays, ne trouvant plus, dans la vie coloniale, les éléments nécessaires à la plus modeste ambition, émigrent ou envoient leurs fils en France, s'ouvrir une carrière convenable. L'élément ancien, qui constitue un germe précieux, disparait lentement et s'absorbe dans la colonie pénale inaugurée en 1852. Celle-ci, de son côté, ayant nécessairement un avenir très limité, et puisant dans l'élément européen, dont elle a été d'abord presque exclusivement composée, une cause inévitable d'avortement, ne laisserait bientôt sur le sol qu'une ruine de plus, si l'on ne paraissait sagement décidé à l'abandonner ou à la transformer. Ici l'expérience faite pendant vingt ans avec tant de soins, de dépenses et d'efforts sérieux sera sans doute considérée comme définitive, et l'on cherchera une autre voie.

Il y aura peut-être bien des hommes de bonne foi qui, en lisant ces lignes, s'écrieront : Mais votre Guyane est un gouffre affreux! La France y a, sans profit, enfoui en tout temps des centaines de millions ; son climat dévorant est un obstacle insurmontable à toute tentative sérieuse de colonisation. Ce qu'il y a de plus sage à faire est de la rendre aux jaguars et aux crocodiles, en s'abstenant de sacrifier désormais un seul homme ou un seul écu à ce minotaure.

Voici la réponse, que ne peut faire sans quelque rougeur au front un ami sincère de son pays : Non, ce n'est pas le champ qui est infertile ou empesté : c'est le propriétaire qui toujours s'est montré imprudent, léger et inhabile, ou qui n'a pas suffisamment profité de l'expérience du passé.

Par une sorte d'ironie du sort, notre domaine est placé entre ceux de deux des plus petits peuples de l'Europe, les Portugais et les Hollandais ; le reste du littoral de la Guyane est aux Anglais ou dépend de la Colombie; à notre frontière du sud, les Portugais ont fondé l'immense empire du Brésil, qui se développe et se consolide chaque jour; à notre frontière du nord, les Hollandais ont créé la magnifique colonie de Surinam; les Anglais, auxquels les traités de 1814 ont assuré leur petite part de la

Guyane, ont pris alors possession d'un établissement qui était dans un état analogue à celui où se trouvait et où se trouve encore Cayenne. Or, aujourd'hui, la Guyane anglaise compte 180,000 habitants, dont 20,000 blancs. Les revenus locaux s'élèvent à 7 millions 800,000 francs, et les dépenses seulement à 7 millions 340,000 francs. La colonie suffit donc très largement à ses besoins. Elle consomme pour 25 millions de marchandises venues d'Angleterre; elle y importe pour 36 millions de produits de son sol! (1)

Alors, me dira-t-on, que faut-il faire? Faut-il balayer ce qui existe, faire table rase, pour changer radicalement de système?

Dieu me garde de donner un aussi funeste avis! Non : nos infructueux sacrifices nous ont au moins laissé, avec une petite population née sur le sol, une grande et forte machine administrative; elle marche à vide, tâchons de l'utiliser en lui fournissant un travail proportionné à sa puissance. Il eût été plus sage sans doute de la faire grandir avec le labeur productif; mais elle existe : simplifions les rouages avec prudence, utilisons surtout ce coûteux levier; ne le brûlons pas, comme nous l'avons fait trop souvent dans notre dépit.

Mais, me dira-t-on encore, formulez un plan.

Quelle serait, suivant vous, la meilleure marche à suivre?

Pour répondre à cette question, je ne m'égarerai pas, à la suite des utopistes, dans de belles théories; je dirai simplement : Regardez à droite et à gauche; faites comme nos voisins, qui sont gens patients, habiles et pratiques. Faites comme eux, comme eux vous réussirez.

III

HISTOIRE A FAIRE

Ce serait une histoire instructive et curieuse que celle des diverses tentatives faites par les Français pour coloniser la Guyane. Jusqu'ici, presque tous les auteurs qui ont écrit sur ce pays, et ils sont nombreux, étaient des rêveurs, ou se plaçaient bien plutôt au point de vue anecdotique ou statistique qu'au point de vue réellement historique. Il faudrait qu'un écrivain consciencieux, sans préjugés et connaissant parfaitement le pays, puisât librement, dans les archives de la marine, les éléments d'un livre présentant le tableau de nos erreurs et de leur châtiment. On y apprendrait plutôt ce qu'il faut éviter que ce qu'il faut faire; mais ce serait déjà beaucoup, quand les naufrages ont été si nombreux qu'ils ont dû jalonner la plupart des écueils à redouter.

Dans ce pénible récit, il serait difficile d'éviter quelque monotomie, tant nos entreprises ridicules ou téméraires présentent entre elles d'analogie dans leur principe et dans leur résultat. Presque toujours quelques enthousiastes, séduits par le plus doux des climats, par le spectacle splendide d'une nature vierge dont le charme et la fécondité sont incomparables, lançaient un projet fantastique, et qui devait enfanter des prospérités auxquelles leur imagination n'assignait pas de limites. Si, quelques années plus tôt, on avait eu à déplorer l'issue fatale d'une expérience analogue, l'on est tellement oublieux en France, l'entraînement de l'opinion publique y est si facile, que déjà elle n'apparaissait plus que comme une légende. N'ayant rien appris, ou ayant tout oublié, les promoteurs du *grand projet* nouveau accusaient leurs devanciers d'imprévoyance ou d'impéritie; leur ignorance, leur faiblesse, leur incurie ou leurs préjugés avaient seuls compromis le succès éclatant réservé à une entreprise mieux conçue et plus habilement conduite. Le pouvoir métropolitain, d'autre part, attachant trop souvent une valeur médiocre à l'expérience du passé, et facilement ébranlé par le tableau séduisant de la prospérité incontestable des colonies étrangères voisines, finissait par suivre le courant de l'opinion publique aveuglée; et bientôt, aux annales guyanaises s'inscrivait un désastre de plus. Cet enchainement de faits ne s'est reproduit que trop souvent, et justifie l'historien Henri Martin d'avoir caractérisé notre colonie sud-américaine par une phrase navrante dans sa concision : « La Guyane, cette terre aux tragiques destinées » *(9)*.

Quant aux projets morts-nés, aux élucubrations restées dans l'œuf, leur nombre est incroyable, et il y en a de tellement bizarres, que leur analyse pourrait servir de petite pièce à la triste revue que nous venons d'indiquer. Pour rester dans le cadre plus modeste que nous nous étions tracé, et hors duquel nous nous sommes laissé entrainer, nous nous bornerons à signaler rapidement les phases de l'histoire de Cayenne qui ont déterminé l'agglomération de sa petite population.

IV

ESQUISSE HISTORIQUE

Les premiers explorateurs des côtes de la Guyane y trouvèrent de nombreuses peuplades indigènes habitant près des rivages de la mer ou sur le bord des fleuves. Les Européens agirent là comme ils s'arrogent partout le droit de le faire envers les peuples qui ne sont pas assez avancés en civilisation pour organiser la défense de leurs foyers. Ils se partagèrent le pays au moins en principe. Puis, sur le lot échu à la France comme ailleurs vinrent ces coureurs d'aventure qui exploitaient en passant les malheureux sauvages, soit avec brutalité, soit avec mauvaise foi, suivant qu'ils se trouvaient ou ne se trouvaient pas en force.

En 1633, les Français occupaient cependant à demeure quelques petits établissements fixes aux embouchures des rivières.

En 1643, il se forma à Rouen une Compagnie qui reçut du roi des lettres-patentes pour coloniser notre possession. Un des associés, Poncet de Brétigny, fut mis à la tête de l'expédition. Le pouvoir absolu qui lui fut attribué, ou qu'il s'arrogea, en fit bientôt une sorte de fou furieux. En arrivant à Cayenne, son premier soin fut de faire établir des gibets et des roues qui ne chômèrent jamais. Il faisait marquer au front et dans le creux de la main, avec un fer rouge portant son nom, ceux qui contrevenaient à ses ordres. Il fit trancher la tête à un de ses jeunes parents, M. de Gondi, qui avait murmuré, et fit rouer vif un malheureux dont le seul crime était d'avoir rêvé que ce bon seigneur était mort! Il défendit à son monde d'avoir aucune relation avec les Indiens, et leur fit la chasse pour se procurer des esclaves. Beaucoup de colons désertaient chez ces sauvages. Brétigny voulut les poursuivre et fut tué à coups de flèches dans une embuscade. Ceux de ses compagnons qui n'adoptèrent pas la vie indienne se dispersèrent dans les colonies voisines.

En mai 1652, nouvelle Compagnie constituée à Rouen. Cette fois, pour éviter les inconvénients du pouvoir absolu, la colonie devait être gouvernée par une sorte d'oligarchie composée de douze *seigneurs*. Le grand promoteur, l'âme de l'expédition, était l'abbé de l'Isle Marivault, docteur en théologie, qu'animait un zèle ardent pour la conversion des Indiens. Le pouvoir exécutif était confié à un gentilhomme normand nommé Le Roux de Royville, militaire distingué et qui y avait occupé des emplois importants. Il fut mit à la tête des compagnies armées avec le titre de général.

L'abbé de l'Isle Marivault se noya par accident, ou plutôt fut jeté à l'eau avant qu'on fût sorti de la Seine. Royville fût poignardé et jeté à la mer, par les associés, avant qu'on fut débarqué à Cayenne. On construisit à Cépérou un fort qui subsiste encore avec son tracé d'alors. Guidés par une trentaine de colons, débris de l'expédition de Brétigny, les nouveaux venus choisirent, pour emplacement de la ville à fonder, Remire, l'un des sites les plus riants et les plus fertiles du pays. C'était bien ; mais on avait confié le gouvernement particulier du fort à un sieur de Vertaumont, qui ne tarda pas à chercher à se rendre indépendant. A Remire on éventa une conspiration ourdie par l'un des associés nommé Isambert, qui voulait régner seul ; il eut la tête tranchée, et les deux frères de Nuisemans, ses complices, furent déportés sur une des îles de la côte. On eut alors affaire au sieur de Vertaumont, qui s'insurgea ouvertement. On se fit la guerre pendant quelque temps, et l'on ne signa la paix que lorsqu'une effroyable maladie épidémique menaça d'anéantir les deux partis. On s'était embarqué en France le 18 mai 1652 ; les derniers et misérables débris de l'expédition partirent de Cayenne le 2 juillet 1653 (h).

Peu de temps après, des Hollandais, chassés du Brésil, s'établirent à notre place dans l'île de Cayenne. Ils reléguèrent les tribus indiennes sur le continent, introduisirent immédiatement des noirs, défrichèrent et créèrent, non seulement à Cayenne même, mais encore à Approuague et à Oyapock, des établissements qui ne tardèrent pas à devenir assez prospères.

Après dix ans, on se réveilla en France. En 1663 il se forma une Compagnie sous le nom d'*Association des seigneurs de la France équinoxiale*. Elle n'eut qu'une existence éphémère. Au mois de mai 1664, pendant que sa première expédition chassait les Hollandais de vive force, et expulsait un assez grand nombre de juifs qui avaient formé un établissement important à Remire, un édit réunissait toutes les colonies d'Amérique entre les mains d'une compagnie unique dite *Compagnie des Indes occidentales*.

Jamais association ne fut dotée de plus magnifiques éléments de succès. On lui concédait, pour 40 ans, les immunités les plus larges et les pouvoirs les plus étendus, avec le privilége exclusif du commerce et de la traite des noirs sur la côte d'Afrique. Le roi ne se réservait que le droit de suzeraineté.

Nous n'avons pas à nous occuper de ce qui se passa aux Antilles, à la Louisiane, au Canada, au Sénégal et sur la côte de Guinée; mais à Cayenne les progrès furent bien lents. On traversait la cruelle période des guerres qui assombrirent la fin du règne de Louis XIV. La colonie naissante fut ravagée par les Anglais en 1667, prise par les Hollandais et reprise par les Français en 1676.

En 1686, des flibustiers, qui avaient été chassés de la partie espagnole de Saint-Domingue, et d'autres qui revenaient chargés des dépouilles de la mer du sud, s'étaient fixés à Cayenne et avaient donné une impulsion inespérée à la colonisation. Persuadés par Ducasse, un de leurs anciens compagnons devenu chef d'escadre et lieutenant général, ils se joignirent à lui pour tenter sur la colonie hollandaise de Surinam un coup de main qui échoua d'une manière désastreuse. Ceux qui survécurent furent conduits aux Antilles. Ils avaient entraîné avec eux la majeure partie des colons les plus actifs [1].

Ces secousses fatales auraient suffi pour arrêter tout progrès sérieux, quand bien même les efforts de la Compagnie des Indes occidentales ne se fussent pas concentrés sur des colonies déjà plus avancées. Ces efforts furent d'ailleurs impuissants partout, soit à cause de l'insuffisance des directeurs, soit en conséquence des événements politiques. Dès 1674, le roi avait été obligé de payer les dettes énormes dont la Compagnie était obérée, avait annulé ses priviléges et avait réuni toutes les colonies à son domaine.

M. Lefébure de la Barre et son frère Lefébure de Lézy, qui avaient d'abord gouverné Cayenne au nom de la Compagnie, continuèrent à la gouverner au nom du roi (1).

M. de la Barre était un homme habile et énergique, aussi bon administrateur qu'intrépide marin. Dès son début, il rompit avec toutes les traditions de cette fantasmagorie mensongère à l'aide de laquelle on essayait en vain, depuis un siècle, de peupler la Guyane. Il dit hautement que des entreprises commencées avec des bandes de misérables écumés dans la lie de la population des villes et conduites par d'ambitieux scélérats ne pouvaient aboutir qu'à une destruction complète. Il promit une vie facile, une prompte aisance et, à la longue, la fortune, à ceux qui, mus par un désir honnête d'améliorer leur position, porteraient à la Guyane une activité persévérante, l'esprit de famille et la témpérance. Il prédit la misère, la nostalgie et la mort aux paresseux « qui viendraient dans le pays dans l'espérance d'y trouver tout ce qu'ils pourraient désirer sans peine ni travail. » Il voulut que l'on attirât dans la colonie, par l'appât de positions avantageuses, de concessions gratuites et d'exemptions modérées de taxes, les jeunes gens appartenant à des familles honorables qui ne trouvaient pas à se faire jour dans la mère-patrie. On devait favoriser leur mariage sur les lieux, afin de créer de bonnes et saines traditions. Tous les fonctionnaires devaient être ou devenir colons; leur nombre devait être réduit aux stricts besoins de l'administration [k]. Il confia le service du culte aux Jésuites qui, seuls avec quelques autres ordres religieux, sont parvenus à arracher les Indiens à la vie sauvage. L'administration de la justice laissait bien à désirer au début; on devait recourir à la Martinique pour faire juger les procès en dernier ressort. Si l'on tient compte de la difficulté et de la lenteur de la navigation à cette époque, ainsi que de la rareté et de l'irrégularité des communications, on reconnaîtra que tout droit à l'appel était illusoire. M. de la Barre provoqua la création d'un *conseil souverain*, sorte de Parlement local composé des habitants les plus notables et les plus éclairés. [l].

M. de la Barre fut le véritable fondateur de la colonie. Son frère Lefébure de Lézy, qui lui succéda dans le gouvernement; son parent Lefébure d'Albon, qui fut chef de l'administration pendant 40 ans; les d'Orvilliers, qui gouvernèrent de père en fils, et presque sans interruption, pendant les deux premiers tiers du siècle dernier, s'inspirèrent de ses sages préceptes.

La colonie se constitua donc définitivement; mais pendant un demi-siècle ses progrès furent bien lents, tandis que nos colonies des Antilles avaient pris un développement rapide. La splendeur et la richesse de Saint-Domingue étaient surtout incomparables. Cette fâcheuse différence tint à une seule cause. En 1701, le chef d'escadre Ducasse avait obtenu, pour la Compagnie française de Guinée, le droit exclusif d'introduire des esclaves noirs dans les colonies françaises et espagnoles. On les dirigea de préférence sur les Antilles, où l'on avait la certitude de les vendre immédiatement, quelque fût leur nombre, à des colons déjà riches, et où les navires trouvaient sans difficulté un fret en retour. Le courant, une fois dirigé de ce côté, continua même après la ruine de la Compagnie de Guinée. La richesse attira la richesse et la Guyane végéta dans sa médiocrité, faute de bras d'abord et faute de produits du sol comme conséquence. En 1695, on y comptait 400 colons blancs, pour la plupart propriétaires, et un peu plus de 1,000 esclaves noirs. En 1763, il n'y avait encore que 500 habitants blancs et environ 5,500 Africains. De plus, en 1762, l'expulsion des Jésuites détermina la dispersion immédiate et le retour définitif à la vie sauvage d'un assez grand nombre d'Indiens, qu'ils avaient réunis dans des villages et catéchisés à Kourou et à Oyapock (m).

En somme, ce temps de torpeur apparente ne fut pas complétement perdu. Les anciennes familles se consolidèrent et quelques-unes s'enrichirent. Les noirs recrutés dans la partie du littoral africain la plus fréquentée et parmi les nations les moins barbares formèrent une race compacte et bonne, au langage unique et presque enfantin, aux mœurs douces et gaies. Il n'était pas rare de les voir pousser leur fidélité à leurs maîtres jusqu'au fanatisme lorsqu'ils étaient traités comme tous auraient dû l'être, c'est-à-dire comme des membres inférieurs de la famille. Ce caractère général, qui inspire la sympathie, a persévéré j   nos jours, malgré l'introduction ultérieur   lques éléments rudes et féroces. Cette int   eut lieu lorsque les entraves mises au com   des esclaves, avant son entière suppression, amenèrent les négriers mis hors la loi à aller recruter leur chargement humain, *per fas et nefas*, dans les contrées de l'Afrique les plus isolées, là où les indigènes étaient restés étrangers au commerce européen et aux adoucissements de mœurs qui en sont la conséquence.

En 1759 et 1760, les Anglais avaient conquis sur nous le Canada. La lutte finie, quelques Français émigrèrent et vinrent se fixer à Cayenne, où ils reçurent des concessions de terre (n). Ce fut peut-être cette circonstance qui inspira au ministre Choiseul l'idée de faire oublier la perte de notre belle possession du Nord-Amérique en colonisant rapidement la Guyane. Dans les conditions sociales de l'époque, c'eût été chose facile avec une dépense annuelle de quelques millions bientôt couverte par des produits certains. Il eût suffi d'y appeler des familles françaises, auxquelles on aurait fait l'avance de travailleurs noirs, seuls aptes à supporter, entre les tropiques, les labeurs agricoles. Choiseul s'entoura d'utopistes qui se riaient des objections et de l'expérience. Il décida que Cayenne serait peuplé, à bref délai, de cultivateurs libres recrutés exclusivement en Europe. Les premiers arrivages de ces nouveaux colons eurent lieu en décembre

1763. A la fin de 1764, leur nombre s'était élevé à plus de 15,000. En 1765, 13,000 étaient morts et 2,000 étaient rapatriés dans l'état le plus misérable. On avait dépensé 30 millions, somme énorme pour l'époque! Il fallait un bouc émissaire pour le charger de la responsabilité de cet effroyable désastre; on choisit M. de Chanvalon, intendant général de l'expédition. Il fut arrêté et renvoyé en France en 1765, et subit 20 ans de détention.

On prit tellement au sérieux les fautes et la culpabilité unique du malheureux administrateur, qu'en 1766 une Compagnie tentait encore, sous le patronage du gouvernement, l'installation d'une colonie de cultivateurs blancs dans la rivière d'Approuague. Cette fois ce fut moins grave : l'entreprise n'engloutit que le capital de 800,000 livres de la Compagnie, plus les avances de l'État, et il ne périt que quelques centaines de malheureux Alsaciens (o).

Après ce coup, il y eut un temps d'arrêt. M. de Fiedmon, officier général né au Canada et qui avait fait sa carrière en combattant les Anglais, fut nommé au gouvernement de la Guyane et le conserva pendant quinze ans. On lui adjoignit des hommes de mérite comme administrateurs. Les ordonnateurs Maillard-Dumesle, Charvet et de la Croix ont laissé d'honorables souvenirs.

Le sage scepticisme des anciens colons les aurait tenus en dehors de l'aventure de Kourou, quand bien même on ne les en eût pas systématiquement écartés, comme entachés de préjugés surannés et ridicules. Cette crise n'eut donc pour eux qu'un bon résultat : ils se recrutèrent d'une soixantaine de laborieuses et honnêtes familles françaises, canadiennes et allemandes, qui se fixèrent dans le pays et y firent bonne souche.

Mais on n'en avait pas encore fini avec les utopistes, race immortelle et qui renaît de ses cendres comme le phénix. M. de Bessner, officier brillant quoique superficiel, était rentré de Cayenne en France vers 1775, avec l'ambition de retourner dans la colonie comme gouverneur. A cette époque, l'esprit de la cour était tout à la pastorale et à l'églogue. Bessner sut exploiter habilement cette manie et fit miroiter aux yeux des grands personnages influents les projets les mieux faits pour les séduire. Il ne s'agissait de rien moins que de lancer au sud de la Guyane 200 missionnaires, pour lesquels on improviserait 150 villages dans lesquels ils auraient bientôt réunis 100,000 Indiens devenus pasteurs et agriculteurs. Du côté des Hollandais, on réunirait, dans dix villages, 30,000 nègres marrons échappés de Surinam, et qui donneraient bientôt à la vieille colonie l'exemple du travail libre et attrayant. Pour ceux qui savaient que le nombre des Indiens n'a jamais dépassé 25,000 ou 26,000 dans notre Guyane, pour ceux qui avaient la moindre connaissance du caractère des Indiens et de celui des noirs redevenus sauvages, c'était monstrueux d'absurdité. Tout le monde fut enthousiasmé à la cour. *Monsieur*, frère du roi, voulut s'inscrire le premier sur la liste des actionnaires, qui s'encombra des plus grands noms.

M. de Sartines, nouveau ministre de la marine, n'avait pas l'esprit assez bucolique pour partager l'engouement général. Il voulut que la question fût étudiée sur les lieux, par un homme sérieux et pratique, et chargea de cette mission M. Malouet, conseiller du roi, commissaire général de la marine, qui arriva dans la colonie en novembre 1775, muni des pouvoirs les plus étendus.

Malouet, qui est mort ministre de la marine, avait alors 37 ans. Il joignait à un esprit fin, positif et ferme, des connaissances très variées, une droiture parfaite et une infatigable activité. Son premier soin fut de parcourir tous les quartiers, étudiant attentivement hommes et choses. Loin de dédaigner les lumières qu'il pouvait tirer des habitants nés ou vieillis dans la colonie, il provoqua la réunion, sous la présidence nominale du gouverneur, d'une *Assemblée nationale*, composée des membres du conseil supérieur, des commandants de quartiers et de deux députés de chacune des huit paroisses qui constituaient alors la division territoriale. Il se trouvait ainsi en présence de l'élite des colons (*p*). Il voulut avoir leur avis nettement et librement exprimé, sur les projets qu'il avait conçus pour tirer la colonie de sa torpeur. Dans une première séance qui eut lieu dès le 7 janvier 1777, il exposa ses idées avec une grande lucidité et une loyauté parfaite. Il posa à l'Assemblée treize questions principales sur la solution desquelles reposait l'avenir du pays, laissant d'ailleurs à chacun une libre initiative pour les questions secondaires.

Il serait hors de propos de donner ici même une analyse des neuf mémoires rédigés par les députés colons en réponse à l'appel qui leur était fait, mémoires qui furent attentivement discutés dans les séances subséquentes. Il suffira de dire que ces documents portent le cachet du bon sens, de l'expérience et de la bonne foi, et que plusieurs sont très remarquables. On est, en outre, heureux et surpris de les trouver empreints d'un esprit de libéralisme éclairé que l'on devait être loin d'attendre de colons blancs de cette époque [q]. L'indépendance n'y fait pas non plus défaut, et quelques idées de Malouet furent combattues avec fermeté. Il eut l'esprit assez élevé pour ne pas hésiter, chose rare! à reconnaitre et dire officiellement qu'il s'était trompé sur certains points en discussion. L'accord fut complet à la fin, et ce résultat est d'autant plus remarquable qu'en dehors de l'Assemblée, les critiques amères et les tracasseries de toute sorte, inspirées par les intérêts particuliers froissés, ne manquèrent ni à l'intendant, ni aux députés.

En résumé, l'*Assemblée nationale* des colons en 1777 est un fait des plus mémorables dans l'histoire de notre petite colonie de Cayenne. Malouet laissa déborder dans ses discours de clôture l'immense satisfaction qu'il éprouvait.

« Nous nous estimons heureux, dit-il, de voir enfin anéantir par des solutions sages et lumineuses ces projets dangereux qui ont été si souvent et sous des formes différentes présentés aux ministres, et qui ne pouvaient que les égarer si la sagesse de celui qui nous régit ne l'eût préservé de la séduction.

« Vos registres font foi, et nous nous glorifions de la liberté avec laquelle vous avez discuté tous nos avis. Les propositions que vous avez rejetées sont en général celles dont l'exécution était inutile ou dangereuses pour l'Etat et pour vous. Celles que vous avez adoptées doivent vous conduire à la prospérité... Nous vous devons la justice de dire que vos *Mémoires* sont un dépôt précieux de réflexions et de faits intéressants...

« Bienfaiteurs de vos concitoyens! cette époque vous attache plus particulièrement à eux et les lie plus étroitement à vous... »

Une maladie grave contraignit malheureusement cet homme éminent à rentrer en France dès 1778; mais il ne cessa d'exercer une influence salutaire sur les affaires de la Guyane que lorsque, deux ans plus tard, il fut nommé intendant de la marine, à Toulon.

Les conséquences des événements que nous venons d'analyser furent considérables. Nous avons vu qu'en 1763 le nombre des colons blancs n'était que de 500, et celui des cultivateurs noirs de 5,500; dix ans après Malouet, en 1789, ces nombres avaient atteint les chiffres de 1,300 et de 10,800. C'est le progrès le plus important et le plus rapide que la colonie de Cayenne ait jamais fait. Les événements politiques dont la France devint le théâtre devaient nécessairement arrêter cet essor.

Pendant la crise révolutionnaire, Cayenne eut à traverser, comme les autres colonies, les périodes d'agitations et de périls qui furent la conséquence de l'émancipation imprévue et éphémère des esclaves. Toutefois, elle ne subit ni les désastres de Saint-Domingue, ni l'occupation étrangère. Les excitations venues de l'extérieur ne firent cependant pas défaut à la population noire, qui était à la population blanche dans la proportion de 1 à 10; mais elle ne démentit pas le caractère que nous avons dépeint. Elle était d'ailleurs si peu préparée à la liberté que beaucoup ne la comprirent pas, et que tous l'acceptèrent avec une incrédulité secrète bientôt justifiée par les événements (¹). Un assez grand nombre des plus défiants, et de ceux que froissaient les règlements par lesquels on s'efforça de maintenir les cultures coloniales, s'enfoncèrent dans les forêts et se créèrent, loin des blancs, des établissements à l'indienne, où ils retournèrent aux mœurs et même au culte barbare des nations de la côte d'Afrique. Il y eut partout perturbation de la propriété et cessation à peu près complète du travail industriel.

De 1796 à 1798 les vicissitudes politiques jetèrent à la Guyane quelques centaines de déportés, dont un grand nombre périt moins de maladie que de misère et de chagrin. Les plaintes amères dont les survivants firent retentir la France au retour n'ont pas peu contribué à entacher encore un pays déjà bien discrédité dans l'opinion. Rien de moins juste cette fois: les malheureux qui succombèrent à Sinnamari et à Kourou auraient eu le même sort si on les eût établis sans secours dans les Landes ou dans la Camargue.

Lorsque le premier consul décida que l'ancien ordre de choses, après sept années d'interruption, serait rétabli dans les colonies, cette réorganisation fut opérée à la Guyane avec une facilité merveilleuse, due principalement à l'énergie de Victor Hugues, alors gouverneur. Grâce au concours loyal et actif des hommes de couleur qui commençaient à constituer une classe intermédiaire importante dans la société coloniale, les établissements des noirs rebelles furent détruits ou cessèrent d'être un danger [1].

Malgré son isolement à peu près absolu de la métropole, la colonie se soutint jusqu'en 1809, époque à laquelle elle fut occupée par un corps anglo-portugais parti du Para [2].

Sur le refus obstiné de Victor Hugues de faire figurer les Anglais dans la capitulation, notre Guyane fut remise *aux Portugais seuls*. Elle ne péréclita pas entre leurs mains, et prit même quelque développement, car ils favorisaient la traite des noirs et la pratiquaient sur une assez grande échelle. Lorsqu'ils remirent la colonie à la France, après huit années d'occupation, on y comptait plus de 2,700 personnes libres et plus de 13,000 esclaves africains. Au début, ils eurent à réprimer une tentative de révolte de la garnison, qui voulait piller la ville; ils le firent avec vigueur et l'ordre ne fut plus troublé. Leur administration fut en général intelligente et paternelle. Le secret de cette modération se trouve peut-être dans un projet alors préconisé par quelques personnages portugais importants, celui de fonder, avec les Guyanes réunies, un royaume annexe de l'empire du Brésil. Le prince régent du Portugal et sa descendance eussent occupé ce trône nouveau [u].

En vertu des traités de 1815, Cayenne fut restitué à la France en 1817. Les réclamations que souleva le régime par trop militaire qu'adopta le général de Cara Saint-Cyr, premier gouverneur, le fit remplacer par un fonctionnaire civil, M. de Laussat. Bien que celui-ci fut un administrateur animé des meilleures intentions et d'un mérite incontestable, ce fut sous son gouvernement que nous vîmes refleurir les idées dont les enseignements sévères du passé auraient dû faire justice. Mais le passé était si bien oublié que la Guyane semblait être alors une terre nouvellement découverte (*v*). Comme l'heure approchait où l'esclavage, déjà en dehors des mœurs, deviendrait à juste titre l'objet d'une réprobation générale, il eût fallu préparer avec prudence et fermeté une transformation nécessaire, et organiser hardiment le travail libre au moyen d'engagés à temps demandés aux races africaines ou asiatiques. On en revint aux laboureurs blancs! Les essais se multiplièrent, sur une assez petite échelle fort heureusement, et conduisirent tous, sans la moindre exception, à un avortement immédiat. On songea une seule fois à la Chine; mais, au lieu de lui demander des bras, on prétendit seulement introduire à Cayenne la culture lucrative du thé. Deux corvettes de charge, expédiées à grands frais, rapportèrent quelques spécimens de la plante précieuse et 25 *artisans* déclassés chinois, recrutés sur les quais des ports; ils n'avaient jamais rien cultivé, ne cultivèrent rien et moururent presque tous de nostalgie ou de misère (*x*).

Jusqu'en 1824, les anciennes mœurs coloniales s'étaient conservées. Les propriétaires fonciers, que l'on nommait alors *habitants*, passaient presque toute l'année sur leurs plantations (*habita-*

tions) et ne paraissaient guère en ville qu'aux grandes fêtes. Ceux qui étaient riches ou seulement dans l'aisance menaient une sorte de vie patriarchale au milieu de leurs esclaves. Après une ou deux générations, il régnait une solidarité complète entre les serviteurs et le maître, et quand celui-ci savait être digne, juste et bon, le noir en était aussi fier que touché du bien-être matériel qui en résultait pour lui et pour sa famille. Alors la menace la plus terrible qu'on pût lui faire, quand il déméritait, c'était de *le vendre*. Le colon, moins préoccupé d'augmenter ses revenus que de s'entourer d'un vrai confortable, avait un nombreux domestique, des chasseurs, des pêcheurs noirs ou indiens, une basse-cour et un potager bien entretenus. Il dédaignait tout ce qui n'était pas simplement commode dans sa demeure, ses vêtements et son mobilier ; mais son vrai luxe et son plus grand plaisir consistaient à exercer la plus large hospitalité : les mots *auberge* et *hôtel* n'avaient pas d'équivalents dans le langage créole.

Tout cela disparut rapidement lorsque le développement exagéré de la culture de la canne à sucre et l'introduction des machines à vapeur destinées à leur exploitation nécessita la concentration de nombreux travailleurs. Les cultures accessoires où les petits propriétaires trouvaient l'aisance, périclitèrent; les petits ateliers se fondirent dans les grands; l'ancienne servitude s'alourdit des rudes exigences des grandes usines; la population noire agricole souffrit et diminua; le type de l'ancien colon s'effaça. Il y eut toutefois dans l'ensemble un moment de prospérité éphémère et plus apparente que réelle. En 1825 il n'y avait dans la colonie que 740 hectares de terres cultivées en canne à sucre; en 1830 ce nombre s'élevait à 1,600 hectares, et en 1835 à plus de 1,860 hectares. Ce fut le point culminant; depuis lors cette culture a décrû d'une manière continue et comprend aujourd'hui moins de 400 hectares.

Nous ne constatons ici ces faits que parce qu'ils furent successivement l'une des causes et l'un des corollaires de la diminution rapide de la population agricole, et parce qu'ils marquent l'époque d'une première et grande modification dans l'état et les usages de la société coloniale. Une modification bien autrement radicale s'accomplit bientôt.

Dès 1830 toute distinction dans les classes libres avaient été effacée de la loi. Le gouvernement préparait depuis lors avec lenteur l'émancipation des esclaves, qu'exigeait de plus en plus impérieusement le progrès des mœurs. Les événements de

1848 brusquèrent le dénoûment, et la perturbation fut d'autant plus profonde dans le système colonial, surtout à Cayenne, que rien n'était préparé pour substituer des travailleurs libres aux anciens esclaves. Beaucoup de colons furent ruinés ou contraints à une liquidation équivalente à la ruine.

L'attitude de la population noire fut irréprochable. Elle n'ignorait pas que l'esclavage avait déjà disparu des colonies anglaises; cela lui donnait confiance et, elle comprit qu'il s'agissait cette fois d'une liberté sérieuse et définitive.

Le gouvernement local se trouvait en présence d'un problème bien épineux. Diriger les affranchis, les initier aux devoirs de leur nouvel état social, tout en leur assurant les bienfaits d'une indépendance à laquelle ils avaient désormais un droit incontestable; et cependant tenir compte, dans la mesure possible, des plaintes désespérées des colons placés dans une position désastreuse, et empêcher l'anéantissement des grandes cultures, dont les exigences sont antipathiques à la masse des noirs. En dehors des craintes de désordre matériel, craintes que rien n'autorisait, des règlements spéciaux, plus ou moins entachés d'injustice ou d'illégalité dans le principe, vexatoires dans l'exécution, ne pouvaient être que des mesures de transition expliquées plutôt que justifiées par l'imprévu de la situation, mais dont l'impuissance définitive était évidente aux yeux de tout observateur sérieux se plaçant à un point de vue un peu élevé. Qu'espérer, en effet, d'hommes *libres*, dont les besoins luxe sont nuls, qui trouvaient naguère à suffire aux nécessités de la vie matérielle avec les *six jours par mois*, dimanche compris, qu'on laissait à leur disposition lorsqu'on voulait se décharger du soin de leur entretien ? Quelle ardeur au travail espérer d'eux dans une contrée immense dont le climat leur est favorable, où la culture de la moindre parcelle du sol suffit à leur frugale alimentation, où la terre est à vil prix en raison de l'exiguité de la population ? Avec le moindre effort, tous devaient arriver promptement à se créer une position légale inexpugnable en dehors de l'exploitation industrielle des sucreries.

L'uique solution du problème se trouvait et se trouve encore dans l'introduction sur une grande échelle de travailleurs libres demandés aux races qui peuvent seules supporter à la Guyane les labeurs des champs. Nous croyons que la froide analyse historique qui précède le démontre d'une manière surabondante. C'est d'ailleurs la voie dans laquelle l'Angleterre est entrée à Démérari, sans hésitations, sans tâtonnements, après quelques expériences courtes et décisives. La population blanche a suivi d'elle-même lorsqu'elle a trouvé à utiliser son intelligence et son activité. Nous avons dit à quels magnifiques résultats nos voisins sont arrivés ; pourquoi ne pas suivre cet exemple ?

Le décret du 8 décembre 1851, qui, sans examen ni discussion préalables, désigna la Guyane comme lieu de transportation, frappa de crainte autant que de surprise les amis de ce malheureux pays. Ils regardèrent ce choix comme la conséquence d'une tradition politique fatale, et s'attendirent à voir rejaillir sur eux-mêmes d'inévitables calamités (v). Hâtons-nous de dire que ces craintes n'ont pas été complétement justifiées. Le désordre matériel ne s'est produit nulle part. Presque toujours, depuis vingt ans, l'opération a été conduite avec prudence et maturité. Ni la persévérance ni l'énergie n'y ont fait défaut. Le choix des chefs chargés de la diriger a souvent été excellent. Le gouvernement n'a reculé devant aucun sacrifice, et l'on a successivement essayé de tous les quartiers de la colonie pour y implanter une population européenne compacte et devant un jour se suffire à elle-même. Il semble donc que l'expérience doive être considérée comme complète, et c'est un résultat considérable. Or, le succès auquel on a souvent cru toucher s'est bientôt évanoui comme un fantôme devant une cruelle réalité. Toujours les résultats de l'ensemble sont venus faire justice des exceptions momentanées. Pouvait-il en être autrement? On chercherait vainement sur le globe, entre les tropiques, une région basse et humide, *une seule*, où notre race, malgré ses besoins d'expansion, ait jamais pu s'établir et se perpétuer sans le secours des races locales ou sans se mêler avec elles.

Je n'ai pas les éléments nécessaires pour apprécier l'état actuel des choses; mais je crois fermement qu'en ne transportant plus à la Guyane que des condamnés appartenant aux races africaines ou asiatiques, et en les y transportant tous, on est entré dans la voie la plus sage, dans celle où, sans sacrifier le présent, on commence à travailler pour l'avenir, bien que ce ne soit encore qu'une halte prudente. Depuis vingt ans, le vieux Cayenne n'a vécu que par la transportation, c'est-à-dire d'une vie coloniale factice. Mais puisque son ancienne population, avec son expérience du pays et ses aptitudes diverses, est encore debout sur le sol, elle peut et doit servir d'initiatrice aux grandes immigrations sur lesquelles repose tout l'avenir. On ne peut plus attendre d'elle un concours sérieux pour les grandes cultures : il faut favoriser franchement le développement des industries agricoles plus modestes, la culture des plantes alimentaires surtout. Celle-ci, en effet, est en tout temps indispensable au bien-être général, et peut encore aujourd'hui donner l'aisance. Elle deviendrait une véritable source de richesse, dès le début d'une immigration assez vigoureusement conduite pour assurer des résultats semblables à ceux qu'ont obtenus nos voisins anglais, c'est-à-dire pour que notre Guyane oublie bientôt dans sa splendeur tant de déboires et de malheurs immérités.

Puissions-nous, afin d'entrer avec confiance et sécurité dans cette voie, étudier froidement l'histoire du présent et celle du passé, apprendre ainsi à bien voir ce qui *est*, afin de n'ambitionner et de ne vouloir que ce qui *se peut!* Puissions-nous reconnaître enfin qu'on ne peut rien attendre de la nature, même la plus riche et la plus généreuse, qu'en se soumettant d'abord à ses lois!

FIN DE L'INTRODUCTION

ÉPILOGUE

LE LANGAGE CRÉOLE

L'avant-propos de ce petit livre, destiné d'abord à ne précéder que des contes et fables créoles, promettait seulement quelques essais d'une poésie juvénile dans la pensée, naïve dans la forme. En se heurtant, dès les premières pages, aux phases les plus tragiques de l'histoire de Cayenne et à d'arides recherches spéculatives sur sa colonisation, le lecteur a dû se croire victime d'un guet-apens. Les allures suspectes du titre qui figure en tête du présent chapitre lui feront peut-être redouter un nouveau piége; il tremblera, s'il n'est que poète et non linguiste, en songeant qu'au sortir des sentiers sévères de l'économie politique et de l'histoire, il peut être subrepticement conduit dans les froides régions de la pédagogie grammaticale dépouillées même des pâles fleurs de la philosophie philologique. Je lui dois un aveu, qui sera en même temps un avertissement loyal. L'*Introduction* sérieuse qui précède les *Contes et Fables* a été écrite sans préméditation, pendant que ces petites poésies créoles étaient déjà sous presse. J'aime tant ma pauvre Guyane, que je n'ai pas su m'arrêter, en parlant d'elle, avant d'avoir fait entendre son cri de détresse. De son côté, l'auteur de l'*Étude sur la Grammaire* m'a fourni, en quelques jours, un travail beaucoup plus complet que la simple *note* demandée à la dernière heure. Ces trois éléments, réunis à l'improviste dans un même volume, forment un tout bizarre jusqu'à la difformité. Je ne saurais donc me dissimuler que l'œuvre a peu de chances de succès. Mais pour expliquer le calme avec lequel j'affronte une éventualité peu flatteuse, et pour réduire à de justes proportions la responsabilité que j'assume, je redoublerai de candeur vis-à-vis celui qui lirait ces lignes : il y a des écrivains qui s'imposent de rudes labeurs et de grands ennuis dans le but *unique*, et qui leur échappe trop souvent, d'amuser ou d'intéresser le public. Sans méconnaître le charme des applaudissements et le malaise que causent les dédains, je me trouve dès à présent en possession d'un salaire raisonnable par le plaisir que j'ai éprouvé en publiant cette œuvre hybride, au risque d'ennuyer la majorité de mes lecteurs. Tout ce que je puis faire maintenant pour ceux-ci, c'est de les prévenir, afin que s'ils continuent ce soit à leurs risques et périls ; peut-être les plus hardis rencontreront-ils quelques pages récréatives, ou quelques vérités utiles. Ma conscience ainsi mise à l'aise, je dirai quelques mots sur les origines et les formes générales du créole de Cayenne.

Si l'on a parcouru l'*Introduction*, on a compris d'abord que [ce langage est issu du besoin d'un échange quotidien d'idées simples entre les colons européens français, les Indiens plus ou moins assujétis et les Africains esclaves. Il n'y avait nulle unité et souvent même aucune analogie radicale dans les idiomes usités chez les nombreuses peuplades que comprenaient les deux dernières races. La langue du dominateur, la langue française, a donc servi de base au patois nouveau.] Les Indiens Galibis, qui étaient les Aborigènes les plus nombreux dans notre Guyane, et qui ne tardèrent pas à être à peu près les seuls en contact avec nous, léguèrent au créole les noms des animaux des plantes et des ustensiles particuliers au pays. D'autres Indiens, fuyant les bords de l'Amazone pour échapper à la rude domination portugaise en se soumettant aux Français, qui ont toujours respecté légalement leur liberté, introduisirent un assez grand nombre d'expressions empruntées à la langue de leurs anciens maitres. C'est de cette immigration, et non de l'occupation de 1809, comme on l'a dit souvent, que les mots portugais, si fréquents dans le créole, tirent leur origine. Le contingent des langages de la côte d'Afrique est tellement restreint qu'on en retrouve à peine la trace dans quelques expressions originales. Enfin, le contact des noirs avec les équipages des navires négriers a fourni au créole quelques mots anglais, hollandais et provençaux [2].

L'*Étude sur la Grammaire* que nous publions présente dans leur ensemble et dans leurs détails les éléments de ce langage étrange à plus d'un point de vue. Éclos il y a moins de deux siècles au milieu d'un groupe d'hommes touchant encore à la barbarie, formé de mots qui leur étaient inconnus, sans calcul, sans raisonnement, d'instinct, pour ainsi dire, il a cependant revêtu immédiatement des formes absolues et d'une logique rigoureuse. Le créole d'aujourd'hui est identique à celui qu'on parlait déjà au milieu du siècle dernier. Ainsi, c'est un produit spontané aussi hâtif qu'inconscient de l'esprit humain dépourvu de toute culture intellectuelle. A ce titre seul il paraîtrait déjà très remarquable à celui qui y découvrirait autre chose qu'un amas confus d'expressions françaises déformées; mais lorsque l'on étudie attentivement les règles de sa syntaxe, on est tellement surpris, tellement charmé de leur rigueur et de leur simplicité, que l'on se demande si le génie des plus savants linguistes aurait pu rien enfanter qui satisfît aussi complétement à son objet, qui imposât moins de fatigue à la mémoire et moins d'efforts aux intelligences bornées. Une analyse sérieuse m'a convaincu d'un fait qui paraîtra paradoxal. C'est que si l'on voulait créer de toutes pièces une langue générale qui permît, après quelques jours d'étude seulement, un échange clair et régulier d'idées simples, on ne saurait adopter des bases plus logiques et plus fécondes que celles de la syntaxe créole (aa).

Les anciens documents imprimés en créole sont bien peu nombreux et sont introuvables aujourd'hui. Je ne connais que quelques cantiques dus à la piété des anciens missionnaires jésuites, une proclamation incendiaire lancée en 1799 par l'agent du Directoire Burnel et une autre, très sage au contraire, répandue dans la colonie lors de l'émancipation des noirs en 1848 (⁴⁶). Il a donc fallu créer arbitrairement les règles de l'orthographe, et j'ai cherché à les rendre aussi simples que possible, sans heurter les conventions les plus usuelles adoptées pour la prononciation du français écrit.

AVIS POUR LIRE ET PRONONCER LE CRÉOLE

Prononcez toutes les lettres *isolément* comme en français. Prononcez aussi comme en français *an*, *on*, *ou*, *ch*, *gn* et *gu;* mais *en* se prononce *ain*. L's a *toujours* le son dur du *ç*. Le *t* ne prend jamais le son de l's. Le *w* se prononce *ou*. L'*o* se prononce *au*; l'*ò* se prononce comme *o* dans *fort*, *sol*.

CONTES ET FABLES

PAR

M.-J.-Alfred de St-Quentin

I

LE NÈGRE, L'INDIEN & LE BLANC

CONTE (1)

Il y a longtemps, longtemps, tout le monde était noir,
Sans un seul blanc sur la terre.

Dans ce temps-là ce n'était pas comme aujourd'hui ;
Souvent le Bondieu venait
Pour parler aux bonnes gens ;
On ne le craignait pas le moins du monde ;
A toute personne à qui il parlait
Il avait quelque chose à donner.

I

NÈG, INGUIEN KÉ BLANG

KONT

Lontan, lontan tout moun té n wè,
San pa oun blang lasou la tè.

Tan-là sa pa té kou jodi ;
Souvan Bonguié koutmé vini
Pou palé ké sa moun ki bon ;
Yé pa pè li okin' fason ;
Tout sa moun li téka-palé
Li té-guen kichoz pou bay-yé.

Trois frères, un jour de ce bon temps-là,
Parlaient de leur père
Mort tout récemment; quant à leur mère,
Elle était morte depuis longtemps.

Voilà que le Bondieu vint à passer;
Et, quand il fut tout proche, il leur dit :
« Je vois que vous êtes tristes, mes enfants,
Parce que j'ai pris votre père si tôt;
Ne craignez rien! il est bien là-haut
Avec tous les braves gens, tout près de moi.
Quand un homme comme lui meurt,
J'ai toujours soin de sa famille;
J'ai arrangé pour vous une fontaine
Dont l'eau peut blanchir votre peau.
Si vous voulez vous laver dedans,
Dépêchez-vous, pour que votre corps devienne blanc,
Car cette eau s'écoule,
Et elle sera épuisée si vous perdez du temps.
C'est votre affaire! »

              A l'instant il s'en fut.
Nos gens restèrent tout abasourdis,
Jusqu'à ce que l'aîné dit : « Par ma mère! (2)
Avez-vous jamais vu quelqu'un qui fut blanc?
C'est que, changer de peau, c'est une grosse affaire!

Trwa frè, oun jou di bon tan-là,
Téka-kozé di yé papa
Ki soti mouri; yé manman,
So-pa, mouri dipi lontan.

Ala Bonguié vini pasé;
É lò li tou pròch, li di-yé :
« Mo wè zot chagrin, mo pitit,
Pas mo pran zot papa si vit;
Pa kasé kiò ! li ben laro
Ké tout bon moun, tout òbò mo.
Lò moun tan kou-li ka mouri,
Mo toujou ka souen so fami;
Mo ranjé pou zot oun dilo
Ki pouvé blanchi zot lapo.
Si zot oulé lavé landan,
Fè vit, pou zot kò vini blan,
Pas dilo-là, li ka koulé,
Tout wa-fini si zot mizé.
Sa zot zafè ! »

   Là, li pati.
Moun yé-la rété tou sézi,
Jouk pi gran-là di : « Mo manman !
Es zot jamen wè moun ki blan?
Sèk, chanjé lapo, li bokou !

Je crois qu'on se moque de nous!
Quant à moi, tout cela me déplaît!
Je resterai tel que je suis. »

Le deuxième frère répondit à son aîné :
« Et moi aussi j'ai un peu peur;
Cependant si le Bondieu dit que c'est une bonne chose,
Il doit avoir ses motifs.
Il faudrait voir! »

      Le plus jeune dit :
« Une peau blanche doit être jolie!
Je ferai ce que m'a dit le Bondieu :
Je vais me baigner dans sa fontaine. »

Il se mit à courir jusqu'à ce qu'il arrivât
A l'endroit où s'écoulait cette eau.
Il en restait encore une assez grande quantité;
Il eut le temps de laver tout son corps,
Depuis la tête jusqu'aux pieds,
Et il y trempa bien sa chevelure.

Il était si beau lorsqu'il sortit de là,
Que l'on ne vit jamais beauté pareille :
Tout son corps était blanc, ses deux yeux bleus,
Ses joues roses; quant à sa chevelure,

Mo krè yé ka foutan di nou!
Mo-pâ, mo pa kontan tou sa!
Mo wa-rété kou mo fika. »

Déjèm-la répond so gran frè :
Mo-mêm wési mo magnè pè;
Poutan si Bonguié di li bon,
Li divèt gagnen so rézon.
Fodrèt té-wè! »

Pi jòn-la di :
« Lapo ki blan divèt joli!
Mo wa-fè sa Bonguié di mo :
Mo ké lavé la so dilo. »

Li pran kouri jouk li rivé
Koté dilo-là ka-koulé.
Bon moso té rété enkò;
Li guen tan lavé tout so kò,
Dipi so tèt jouk la so pié,
É li ben tranpé so chivé.

Afòs li bel lò li soti,
Yé pa jen wè moun si joli :
Tout so kò blan, so dé wey blé,
So visaj ròz; pou so chivé,

Elle semblait d'or, ainsi que sa barbe;
Ses lèvres étaient rouges, et sa bouche toute petite.

Quand il se vit si beau,
Il s'élança comme s'il eut eu des ailes;
Il rencontra son frère cadet
Qui venait sans se presser pour voir ce qui se passait;
Il regarda le blanc; son cœur battit;
« Ah! dit-il, moi aussi je vais me baigner! »

Il se mit à courir vers la fontaine,
Mais il n'y trouva plus que de la vase.
Comme il en frotta bien son corps,
Il devint tout rouge, il devint Indien.

Quand leur frère aîné les vit revenir,
Il se mit aussi à courir vers la fontaine;
Mais le fond du trou seul était humide :
Le creux de ses mains et la plante de ses pieds
Touchèrent seuls un peu l'eau.
Il fut obligé de garder sa couleur.
Il resta là, tout sot! Que faire?...
Il s'en retourna fort en colère à la case.

Le lendemain le Bondieu vint;
Et, dès que mon pauvre nègre le vit,

Yé sanblé lò, so bab wési;
So lèv rouj, so bouch tou piti.

Lò li gadé kouman li bel,
Li volé sanblé li guen zèl;
Li kontré ké so déjèm frè
Ka-vini dousman pou li wè;
Li gadé blang; so kiò kasé;
« Ay! diti, mo-mêm k'é-lavé! »

Li pran kouri là trou dilo,
Mé li trouvé lavaz ounso.
Kou li froté so kò ben-ben,
Li tout rouj, li torné Inguien.

Lò yé gran frè wè-yé vini,
Li pran kouri li-mêm wési;
Au fon trou ounso té mouyé :
Landan lamen ké enba pié
Yé ounso pran moso dilo.
Li blijé gadé so lapo.
Li là, tou sot! Kouman pou fè?...
Li tòrné la kaz ké kòlè.

So landimen Bonguié vini;
É, dipi mo pov nèg wè-li,

Que de larmes il versa!..
« Ah! dit-il, regardez-moi, Bondieu!
Voyez comme je suis noir! moi seul!
Je vous en prie, donnez-moi un peu d'eau! »

Le Bondieu lui répondit : « Mon enfant,
Il fallait m'en croire tout de suite ;
Je ne donne pas les choses deux fois.
Puisque tu es noir, tu resteras noir.
Mais j'ai quelque chose à vous donner,
Trois choses bonnes, si vous n'êtes pas des niais.
Tenez, voilà la *richesse*, la *liberté* et l'*intelligence;*
C'est tout ce que je vous donnerai maintenant.
Choisis le premier, toi qui es l'aîné ;
Mais réfléchis bien à ce que tu dois préférer !
Ce que vous aurez fait, je le ferai.
Je m'en vais ; c'est désormais votre affaire. »

Le nègre s'écria tout de suite : « Je prendrai l'or !
Si j'ai de l'or, je serai toujours libre ;
Les gens riches ne sont jamais esclaves.
Quant à l'esprit, je m'en soucie fort peu. »

L'Indien dit : « C'est la liberté que je veux !
A quoi bon de l'or si je ne suis pas libre ?
A quoi sert l'intelligence pour un esclave ? »

A dé krié li pran krié!
« Ay! diti, gadé-mo, Bonguié!
Gadé kou mo nwè! mo ounso!
Tampri, bay-mo moso dilo! »

Bonguié répond-li : « Mo pitit,
To té divèt krè mo tousouit;
Mo pa ka-bay kichoz dé fwè.
Dabò to noué, t'a rété nwè.
Mé mo guin kichoz pou bay-zot,
Trwa bon kichoz, si zot pa sot.
Gadé! mé *lò*, *lib* ké *lespri*;
Sa tout là m'a bay-zot jodi.
Chwézi prémiè, to ki pi gran;
Sonjé bonbon sa pou to pran!
Kou zot wa-fè, mo-mêm wa-fè.
Mo ka-alé; sa zot zafè. »

Nèg rélé tousouit : « M'a pran lò!
Si mo guen lò, m'a toujou lib;
Moun qui rich pa jamen katib.
Pou *lespri*, mo pa sansousié. »

Inguien dit : « Sa *lib* mo oulé!
Ki séti lò si mo pa lib?
Ki séti lespri pou katib? »

Voilà le blanc resté avec l'intelligence,
Et comme on riait de lui!
Mais vous savez ce qui est arrivé?
Avec l'esprit dont on se moquait,
Il ne tarda pas à devenir le plus fort;
Il ne laissa pas un grain d'or au nègre,
L'Indien comme le nègre furent ses esclaves,
Lui seul fut riche, lui seul fut libre!

NÈG, INGUIEN KÉ BLANG

Ala blang rété ké lespri,
Sa dé ari yé ari-lí!
Mé zot sé kisa ki rivé?
Ké lespri yè téka mouké,
Li pa long pou vini pi fò;
Li pa lésé nèg oun grèn lò,
Inguien kou nèg sa so katib,
Li ounso rich, .i ounso lib!

II

L'ÉCHO

CONTE

Tout le monde connait monsieur Jibi :
Il est niais, poltron, petit ;
Son ventre ressemble à celui du poisson-gros-ventre sur le
Ses yeux sont caves comme des trous de crabes, (4)   [sable, (3)
Son dos est rond comme celui d'un tatou...
Et il est fat outre mesure !
Quand le dimanche il a mis ses bottes,
Son chapeau noir, sa redingote,
Il croit que toutes les femmes le regardent,
Et il fait le gentil.

II

LÉKO

KONT

Tout moun konèt mouché Jibi :
Li sot, li potron, li piti ;
So vant kou gro-vant lasou sab,
So dé wey fon pasé trou krab,
So do ron kou do kabasou...
É li vanté pasé mizou !
Lo dimanch li mété so bot,
So chapo nouè, so rédingot,
Li krè tout fam ka-gadé li,
É li ka-fè so ben-joli.

Après tout Jibi n'est pas méchant.
Il se grise quelquefois avec ses amis,
Sans qu'on l'ait jamais vu se battre;
Il est peut-être trop poltron pour ça.

Un beau jour monsieur Jibi eut une idée :
« Tiens, dit-il, il faudrait me marier.
A présent je n'ai pas grand tracas ;
Le dimanche et toute la semaine
Je m'adresse à ma mère,
Et c'est elle qui me nourrit toujours ;
Mais elle est si vieille qu'elle mourra :
Qui me donnera alors du poisson salé ?
Quant à une femme, ce n'est pas ce qui manque ;
J'en prendrai une qui aura beaucoup d'argent,
Et je la ferai travailler ferme !
Quand je la battrai ce sera sa faute.
Si je prends une femme, c'est pour me soigner,
Faire la cuisine, puiser de l'eau,
Laver mon linge, faire toute sorte de travail,
Ou bien je lui parlerai avec le bâton.
Oui ! mais il faudrait avoir une case.
Mon frère Jean travaille au chantier, (5)
Je lui emprunterai une bonne quantité de bois.
Allons ! il faut que j'aille au haut de la rivière. »

Magré tou Jibi pa michan;
Ké zami li ka-sou détan,
San yé pa jen wé li briga;
Pitèt li tro kapon pou sa.

Oun jou mouché Jibi lévé :
« Ten, diti, fodrèt mo-marié.
Atò mo pa gagnen lapèn;
Jou di dimanch kou la simèn
Mo ka-doumandé mo manman,
Sa li ka-nori mo tout tan;
Mé vié kou li-vié l'a mouri :
Ki moun t'a bay-mo lamori?
Pou fam', sa pa sa ki manké;
M'a pran oun ki guen soumaké,
É m'a fè-li travay ta-rot!
Kan m'a bat-li sa wa so fot.
Si mo pran fam', sa pou swen mo,
Bouyi kanari, kri dilo,
Lavé mo linj, fè tout travay,
Sankwè m'a palé-li ké way.
Wi, mé sa kaz fodrèt gagné.
Frè Jan ka-travay là chanquié,
M'a prété so bwa bon-moso.
Anou! fo mo monté laro. »

Là-dessus mon Jibi prend son hamac,
Un peu de morue, un peu de farine de manioc
Et deux chemises qu'il met dans son pagara, (6)
Et va sur le quai chercher un passage.

Précisément une barque allait monter
Jusqu'auprès du premier saut de la Comté. (7)
Jibi cria : « Frères, bonjour !
« Voudriez-vous me donner passage ? »

Le père Pierre, qui était patron de la barque,
Savait combien Jibi était peureux.
« Jibi, répondit-il, est-ce bien toi ?
Aujourd'hui tu n'as donc pas peur de l'eau ?
Embarque ! embarque ! mon cher compère !
Nous te conduirons jusqu'auprès de ton frère. »

La nuit vint; on s'arrêta pour attendre la marée.
Près de l'endroit où la barque était mouillée
Des pêcheurs avaient placé leur palan. (8)
Jibi vit cela, il pâlit.
« Père Pierre, dit-il, regardez sur l'eau :
Voilà deux animaux qui montrent leur dos. »
Le père Pierre répondit : « C'est un *tonacri*, (9)
Un être avec lequel il ne faut pas plaisanter,
Parce que, vois-tu, quand il vous attrape

LÉKO

Là mo Jibi pran so amak,
Moso lamori, moso kouak
Ké dé chimiz là so pagra,
Pou sasé pasaj là dégra.

Toujis oun bâk té ka-monté
Jouk proch prémiè so Laconté.
Jibi rélé : « Frè-yé, kouraj!
« Ès zot-oulé bay-mo pasaj? »

Papa Piè, ki té-sa patron,
Savé kouman Jibi potron.
« Jibi, diti, vrè-vrè sa to?
Jodi-là to pa pè dilo?
Bâké! bâké! mo chè kompè!
N'a méné to jouk proch to frè. »

La nwit vini; yé fè maré.
Proch koté bâk-la té mouyé
Péchò té-mété yé palan.
Jibi wè-sa, li vini blan.
« Pâ Piè, diti, gadé dilo :
Mé dé bèt ka montré yé do. »
Pâ Piè répond : « Sa *tonakri*,
Oun kichoz fo pa moun ari,
Pas, to wè, lò li quienbé ou

Il ne met pas longtemps à vous tordre le cou. »
Jibi eût voulu être singe,
Pour grimper jusqu'au haut du mât.

Comme il guettait dans l'obscurité,
Il vit flotter un gros morceau de bois.
« Papa Pierre, dit-il, ah ! mon Dieu !
Qu'est-ce que c'est que ça ? — C'est un *cayeman*, [10]
Répond Pierre, prends garde à ta main !
Sans quoi tu ne verras pas le jour de demain. »

La mer baissa, une roche se découvrit.
Pierre dit que c'était la *maman-dilo*. [11]
Jibi répondit : « Taisez-vous, père Pierre,
Vous dites cela pour effrayer les gens.
Je sais qu'une plaisanterie est une plaisanterie, [12]
Mais *enfoncer du bois dans l'oreille n'est pas plaisanter.* »

Jibi ne dormit pas de toute la nuit,
Et au point du jour
Les bandes de singes hurleurs commencèrent leurs chants. [13]
Jibi de dire : « Compère Pierre, écoutez ! ».
Pierre répondit « Ce n'est rien ;
Quand les tigres chantent ils n'ont pas faim. »
Mons Jibi se mourait de peur,
Pendant que tout l'équipage de la barque riait.

Li pa long pou tordé ou kou. »
Jibi té-oudrèt sa makak,
Pou volé jouk laro mâ bâk.

Kou la soukou li ka-guété,
Li wè gro bi-bwa ka-floté.
« Papa Piè, diti, mo manman !
Sa kisa-sa ? — Sa oun *kayman*,
Répond Piè, panga to lamen !
Sankwè to paka wè dimen. »

La mè bas, roch montré so do.
Pâ Piè di sa *manman-dilo*.
Jibi répond : « Kawka, pâ Piè ;
Ou ka-di sa pou fè moun pè.
Mo bién savé tout jwé sa jwé,
Mé *bwa là zòrè sa pa jwé.* »

Tout la nwit Jibi pa dromi,
É lò jou té-proch pou vini
Band senj-rouj koumansé chanté.
Jibi dit : « Kompè Piè, kouté ! »
Piè répond-li : « Sa-pa arien ;
Lò tig ka chanté yé pa fen. »
Mo Jibi té-oudrèt mouri,
Pandan tout moun bâk ka-arí.

Cependant on finit par arriver.
Jean devint rêveur, en voyant Jibi.
« Diable ! mon frère jusqu'ici !
Ce n'est pas pour rien qu'il est venu ;
Il me fait peur ! Ce n'est pas la première fois
Que mon frère Jibi me joue.
Il me mettra dans l'embarras, (14)
Si je ne me tiens pas bien. »

Lorsqu'ils eurent bien causé de leur mère,
De leurs parents, de leurs amis, de la pluie et du beau temps,
Jibi dit : « Frère, je me marie !
Si je suis venu jusqu'au chantier,
C'est que j'ai pensé à toi pour bâtir ma case ;
Il me faut pas mal de bois.
Je payerai quand je serai marié,
Je n'ai pas d'argent pour le moment.
Je n'admets pas que tu me refuses :
Je te signerai un reçu.

Le compère Jean fit une grimace !
Il était fatigué de prêter à Jibi.
« Frère, dit-il, je suis obligé de te dire
Une chose que personne ne sait :
Je ne suis pas seul au chantier,
J'ai quelqu'un qui travaille avec moi,

Poutan yé fè jouk yé rivé.
Jan wè Jibi, li pran sonjé;
« Mo manman, mo frè jouk isi!
Sa pa pou arien li vini;
Mo pè-li! Sa pa prémiè fwè
Mo frè Jibi ka fè mo wè.
L'a méné mo là dilo fon,
Si mo pa fè zafè bonbon. »

Lò yé ben kosé di manman,
Kouzen, zami, lapli, botan,
Jibi di : « Frè, mo ka-marié !
Si mo vini jouk la chanquié,
Sòk pou fè kaz mo sonjé-to ;
Fo mo gagnen bwa bon moso.
Lò m'a marié mo wa péyé,
Atò mo pa guen soumaké.
Dabò, fo-pa to di-mo non :
La papié m'a signé mo non. »

Konpè Jan fè oun lagrimas!
Li prété Jibi jouk li las.
« Frè, diti, mo blijé palé
Oun kichoz péson' pa savé :
La chanquié mo pa mo ounso,
Mo guen moun ka-travay ké mo,

Et cette personne est un *masquilili*. (15)
Nous lui parlerons tout à l'heure,
Car il travaille pendant toute la nuit.
Si j'enlevais du bois pour en donner,
Il me quitterait à l'instant
Et me briserait peut-être les os.
Tu l'écouteras parler,
Tout en faisant semblant de souper.
Prends mon coui avec quelque chose à manger.
S'il dit oui, je dirai oui. »

Ils s'avancèrent assez loin dans la forêt,
Jusqu'à un endroit où Jean connaissait un écho.
Alors il cria : « Êtes-vous là ? »
L'écho répondit : « Là ! là ! »
« — Vous voyez la personne qui mange dans mon coui ?
L'écho répondit : « Oui ! oui ! »
« — Faut-il lui vendre notre bois ? »
L'écho répondit : « Ah ! ouah ! »
« — Il dit qu'il signera le reçu de son nom ! »
L'écho répondit : « Non ! non ! »
« — Donnez-lui pour qu'il retourne à Cayenne (*Kayan'*). »
L'écho répondit : « Le fouet ! le fouet ! (*yan' ! yan' !*) »

Jean dit tout bas : « Tu l'entends ?
Il ne faut pas plaisanter avec le masquilili,

LÉKO

É moun-là sa *maskilili*.
Titalò n'a palé ké-li,
Sa tout la nouit li ka-travay.
Si mo té-ka pran bwa pou bay,
Là mêm li té wa-lésé mo
É pitèt l'a-kasé mo zo.
To wa kouté-li ka-palé,
T'a fè semblé to ka-soupé.
Pran moso manjé là mo kwi.
Si li di wi, mo wa-di wi. »

Yé vansé là danbwa moso,
Jouk koté Jan konèt léko.
Atò li rélé : « Es ou-là? »
Léko danbwa répond : « Là ! là ! »
« — Ou wè moun ki-là ké mo kwi?»
Léko danbwa répond : « Wi ! wi ! »
« — Es fo nou vandé-li nou bwa?»
Léko danbwa répond : « Ah ! wah ! »
« — Li di li wa-signé so non? »
Léko danbwa répond : « Non ! non ! »
« — Bay-li pou li tourné Kayan'. »
Léko danbwa répond : « Yan'! yan'! »

Jan di dousman : « To tandé-li ?
Fo pa jwé ké maskilili :

S'il te rencontre cette nuit,
Il pourrait bien te taillader tout le dos.
Cependant, toi qui es brave, reste, frère ;
D'ici à demain il ne sera plus en colère. »

Mon pauvre Jibi tremblait.
« Frère Jean, dit-il, allons-nous-en :
Tes forêts ne sont pas sûres,
Il s'y trouve des êtres de toute espèce,
Manman-dilo, tigres, tonaeri,
Cayeman, masquililis.
Non ! non ! j'aime mieux la ville,
Où l'on dort tranquille. »

Et à l'instant Jibi s'embarqua,
Sans bois, sans femme et sans argent.

Maintenant, pour comprendre mon apologue,
Nous pouvons bien laisser là l'écho.
Quand on est suffisant et poltron,
On vous fait subir mille avanies.

Si la nwit la li kontré-to,
Li fouti koupé tout to do.
Poutan, to ki brav, rété, frè;
Jouk dimen li paka kolè. »

Mo pov Jibi té pran tranblé. -
« Frè Jan, diti, anou alé :
To danbwa yé-la yé pa bon,
Li guen débèt di tout fason,
Manman-dilo, tig, tonakri,
Ké Kayman, ké *maskilili.*
Non-wom! mo pimignò lavil,
Koté moun ka-dromi trankil. »

É la mêm mo Jibi bâké,
San bwa, san fam', san soumaké.

Atò, pou konprand mo dolo,
Nou bien pouvó lesé léko.
Lò moun vanté si li kapon,
Ya fè li wè di tout fason.

III

LE CHIEN & LE CHAT

CONTE

— *Masak! masak!* (16)
— *Kam!*

Vous savez combien le chien déteste le chat? Il n'en était pas ainsi autrefois : ils étaient voisins, ils étaient amis. Le chien était bon garçon ; si on ne le taquinait pas, il ne cherchait querelle à personne. Il avait le pied léger à la chasse et l'œil sûr pour garder le logis ; mais s'il ne touchait pas le mal du doigt, il ne croyait pas à la méchanceté. Pour le chat, il était coquin, astucieux et menteur ; il craignait un peu le chien, parce que, voyez-

III

CHIEN KÉ CHAT

KONT

— Masak! masak!
— Kam!

Zot savé kouman chien rahi chat? Lontan sa pa té konsa : yé té voézin, yé té zami. Chien té sa bon moun ; si yé pa sasé-li, li paka sasé péson'. So pié lèjè lò li ka-lachas, so wey klè lò li ka véyé kaz ; mé si li pa wè michanstè ké-wey, li pa krè wot moun michan. Chat so-pa, li té kokin, li té malis, li tè mantò ; é li té maniè pè chien, pas ou wè, faché ké chien sa pas bon kichoz :

vous, se fâcher avec le chien n'est pas bonne chose : il est colère, il est fort, il a les dents longues et il ne faut pas plaisanter avec elles.

Un jour le chien était allé à la chasse et avait tué un cerf. Il l'avait porté à sa case, en avait donné une bonne part à son voisin, avait largement déjeuné ; puis, ayant allumé du feu, il avait mis le reste de sa viande à boucaner. (17) Il ferma ensuite sa fenêtre et sa porte, mit la clef dans sa poche et dit au chat : « Voisin, je vais me promener. J'ai des provisions pour demain ; aujourd'hui je me repose. »

Le chat lui répondit : « Beaucoup de plaisir, voisin. Ah! comme vous êtes heureux. Voyez? le soleil est à peine levé, et déjà vous avez pris un gros gibier. Pour moi, je veille toute la nuit pour attrapper un pauvre rat ; et encore je n'ai pas tous les jours du bonheur. Aujourd'hui, si vous ne m'aviez pas fait la charité d'un peu de viande, je mourrais de faim jusqu'à ce soir. Allez vous promener, voisin, allez vous amuser ; moi, qui ne peux pas courir comme vous, je vais dire mon chapelet et prier pour vous. »

Le chien partit ; le chat, couché sur ses pattes, au soleil, devant sa porte, fermait presque les yeux, mais il voyait tout et entendait même une mouche voler. Lorsqu'il vit le chien se diriger vers la maison de sa bonne amie, il sourit en lui-même, mais ne bougea pas. Il ferma même tout à fait les yeux ;

li kolè, li fò, so dan long é fo pa moun joué ké yé.

Oun jou chien té lachas et li té-pran bich. Li té-poté-li la so kaz, bay so voézen bon-moso, manjé jouk so vant plen; limé so fouyé, épi mété la restan viand lasou boukan pou li boukané. Atò li fromé so lafinèt, fromé so lapòt, mété laklé là so poch é li di chat : « Voézen, mo k'alé proméné. Mo gagnen dikouè pou dimen; mo ka pozé-kò jodi-la. »

Chat répond : « Kouraj, voézen. Ay! ou héréz. Titalò solé lévé, é gadé kouman ou kienbé gro-viand. Mo-pa, mo là san dromi tout la nwit pou mo pran oun michan rat; enkò sa pa touléjou mo guen bònò. Jodi-là, si ou pa té-charité-mo ké moso bich, jouk aswé mo té-wa-mouri ké fen. Alé proméné, voézen, alé proméné; pandan tan-là, mo ki pa pouvé kouri sanblé ou, mo k'alé prié pou ou; mo k'é di mo chaplè. »

Là chien pati. Chat kouché lasou so pat, là solè, divan so lapòt, li fromé so wey jouk yé parèt tou piti, pandan li ka-wò tout kichoz é li ka-tandé jouk mouch ka-volé. Lò li wò chien pran so chimen bò di kaz so koumò, li ari la so kiò é li fromé on aurait juré qu'il dormait. Il resta ainsi longtemps, jusqu'à ce qu'il entendit le chien aboyer au loin. « Bon ! dit-il, voilà mon voisin qui s'amuse avec ses amis. Allons mettre du bois sur son feu, pour l'entretenir. » Alors il fit attentivement le tour de la case du chien, qui était tout proche de la sienne ; mais porte et fenêtre étaient fermées. Il ne dit rien, rentra chez lui, ferma sa porte en dedans, monta dans son grenier et passa sur le toit. Il suivit le faîtage jusqu'au pignon, regardant à droite et à gauche, puis il allongea le cou du côté du toit du chien et sauta dessus. Alors il écarta deux ou trois bardeaux, (19) entra dans le grenier, gagna la cuisine, se mit à flairer la viande qui boucanait. « Diable ! dit-il, quelle quantité de gibier, et comme il est succulent ! Voyons s'il est bien fumé. » Là-dessus il allongea la patte, fit tomber la viande et en mangea jusqu'à n'en pouvoir plus ; puis joua avec le reste, le déchiquetant et le traînant dans tous les coins de la chambre ; après quoi il reprit sa route jusqu'au toit, passa lentement la tête par le trou, s'assura que personne ne le voyait, sortit doucement, arrangea soigneusement les bardeaux, sauta sur sa case, descendit, ouvrit sa porte toute grande et reprit la place où son voisin l'avait laissé.

Sur le soir, le chien rentra très fatigué. « Bah ! dit-il en voyant le chat, vous êtes encore là, mon pauvre voisin ? » Le chat bâilla largement et réso wey dou; yé té wa-di li ka-dromi. Li rété bon moso konsa jouk li tandé chien ka-japé loin-loin. « Bon, diti, mé mo voézen ka-joué ké so zami-yé. Atan mo alé meté bwa là so fouyé pou so difé pa mouri. » Là li fè tou di kaz chien ki te tou proch so pa; li gadé bonbon, mé lapòt ké lafinèt tout té-fromé. Li pa di arien; li antré là so pa kaz, fromé so lapòt andidan, monté là sourata, pasé lasou bardo, rivé là fétaj; li maché jouk la pignion, gadè bò di drèt, gadé bò di gòch, lonjé so kou bò di kaz chien, é, hip! li volé lasou kaz so voézen. Atò li karté dé trwa bardo, antré là grenié, désand la kouzin' é li koumansé ka-pran lòdò viand ka-boukané. « Outrou! diti, manjé-la bokou! manjé-la chouit! Atan mo wè si li ka-boukané bonbon. » Là li lonjé so pat, ralé viand atè ké zong, é li manjé jouk li pa pouvé enkò; atò li joué ké la-rostan, kaya-kaya-li, tréné là tout kouen chamb, é li pran so chimen jouk laro kaz, pasé dousman so tèt là trou bardo, gadè si péson pa là pou wè-li, soti dousman, ranjé bardo sanblé yé pa jen roumé-yé; li volé lasou so pa kaz, désand enba, louvri lapòt gran, é li alé kouché là mèm plas koté so voézen té-lésé li.

A swè, chien rivé; li las jouk pa pouvé. « Wé-wé! diti lò li-wè chat, ou là toujou mo pov voézen? »

pondit : « Que faire, voisin? que faire? Quand on est obligé de veiller toute la nuit pour attraper un rat, il faut bien dormir un peu pendant le jour. Ah! voisin, que j'ai faim! que j'ai faim! » Et il se recoucha.

Quand le chien rentra chez lui et vit son gibier par terre, rongé, traîné dans tous les coins, il devint furieux ; il bondit dehors, sauta sur le chat, le saisit par le cou, le secoua, le traîna et le jeta dans la case, en criant : « Ah! voleur! c'est toi qui as gâté tout mon gibier! Misérable! il faut que je t'éreinte! que je t'étrangle! » Le chat, les larmes aux yeux, lui répondit : « Voisin, sûrement la colère vous fait perdre la tête. Comment aurais-je pu entrer chez vous et y toucher quelque chose? Fenêtre et porte étaient fermées et vous aviez la clef dans votre poche. Suis-je donc le diable? Ne voyez-vous pas que ce sont les rats qui ont dévasté vos provisions? N'est-ce pas votre faute? Si vous aviez laissé votre maison ouverte, j'y aurais veillé ; mais j'étais dehors, réduit à écouter le carnaval que les rats faisaient chez vous, sans pouvoir en prendre un seul pour mon souper. S'il y a eu désordre, je n'y suis pour rien ; et était-ce une raison pour me mordre le cou jusqu'à me mettre en sang? Regardez! » Et il se mit à pleurer de plus belle.

Le chien devint tout honteux. « Excusez-moi, voisin, dit-il. Ah! la colère est vraiment un vilain

Chat karkié so bouch gran. « Kouman pou fè, voèzen? diti, kouman pou fè? Pis mo blijé guété rat tout la nwit pou mo manjé, fo-ben mo dromi moso gran-jou. Ay! a dé fen mo fen! » É li torné kouché enkò là so plas.

Kan chien antré, kan li wè tout so viand atè, kaya-kaya, tréné toupatou, li kolè oun kolè! li volé dòrò, soté lasou chat, kienbé-li là so kou, ralé-li jité landan kas, é li pran rélé : « Ah! vòlò! sa to ki gaté tout mo viand! Ah! koken! mo k'é fout-to! mo k'é tranglé-to! » Chat répond ké dilo là wey : « Voèzen, mo krè kolè ka-fè ou fou. Kouman mo té-wa pouvé antré pou mo touché ou bagaj? Ou fromé lapòt, fromé la finèt, ou poté laklé-alé là ou poch. Mo sa diab, don? Ou pa wè sa rat ki manjé ou viand, non? Sa pa ou fòt, non? Si ou té-lésé ou lapòt louvri, mo tewa-jité wey landan kaz; mé mo dòrò, mo blijé fika là, ka-kouté gianbel rat ka-bay là ou chamb san mo pa pouvé kienbé oun pou mo soupé. Si yé fè dézòd, mo pa landan; sa oun rézon-sa pou ou vini modé mo kou jouk li plen ké disan? Gadé! » É li pran krié pi fò enkò.

Chien vini tou rontè. « Ago! voèzen, diti, ago! Ay! kolè sa oun michan kichoz, vrè! Kawka tandé!

défaut! Consolez-vous! Pardonnez-moi, je vous en prie, pardonnez-moi! Allons! soyons amis sincères. Venez demeurer chez moi. Quand les rats reparaîtront, vous les mangerez; et s'ils ne reviennent pas, eh bien! je trouverai toujours quelques bribes à vous donner pour votre goûter. » Et le bon chien léchait le cou de son voisin. Celui-ci ne répondit rien, mais il essuya ses yeux et porta sa natte dans la maison du chien.

Ils vécurent ainsi assez longtemps ensemble. Le chat, n'avouant jamais qu'il attrapait des rats, recevait fréquemment du gibier, et le paresseux pouvait dormir du matin au soir. Mais il était si gourmand que lorsque son hôte sortait seul il était incapable de se contenir, et volait toujours un peu de viande. Le chien s'en aperçut, mais ne dit rien, ne voulant plus se mettre en colère contre son ami. Toutefois, les vols devinrent par trop impudents, et il fut obligé de signifier au chat qu'il n'y avait plus de rats dans la maison. Ils se séparèrent sans se fâcher; mais le chat n'était pas content.

Un jour il dit à son voisin d'un air cafard : « Compère, la vieillesse arrive pour nous deux, et nous ne songeons jamais au Bondieu. Voyez, nous ne mangeons que de la viande le vendredi et même pendant tout le carême. Plantons des ignames;(19) nous pourrons alors, sans souffrir de la faim, nous passer de chair les jours où les honnêtes gens doivent s'en abstenir. Nous ne sommes pas des

CHAT KÉ CHIEN

Padoné-mo, tanpri, padoné-mo! Anou fè zami vrè-di-vrè. Vini rété ké-mo là mo kaz. Kan rat wa-torné vini wa-manjé-yé ; jou yé p'ka vini m'a toujou trouvé moso viand pou bay-ou pou ou kienbékiò. » É là mo bon chien pran louchè kou so voèzen. Chat pa répond arien ; li swé so wey é li pran so nat charié là kaz chien.

Yé rété ansamb konsa bon moso tan. Chat p'ka j'en di li ka-kienbé rat, chien ka-bay li bi viand toulò, é dipi bon matin jouk aswè parsou-la pouvé dromi. Mé afòs li grouman, li pa kapab kiembé so kò kan chien ka-soti li ounso, é tan-la li toujou ka-vòlò moso viand. Chien ka-wè sa san pa di arien, pas li pa oulé kolè ké so zami enkò. Poutan, vòlò-manjé-la vini tro-bokou ; li blijé di chat nianpwen rat enkò là so kaz é yé séparé san yé pa faché ; kouèk-sa chat pa kontan.

Oun jou li di so voèzen ké oun lè bonvalé : « Kompè, vié ka-antré pou nou tou lédé, é poutan nou là san pa jamen chonjé Bonguié. Gadé, nou lasou ka manjé viand ounso vandrédi ké tout long karem long. Anou planté gniam ; konsa jou bon moun pa divèt manjè la chè n'a pouvé sanpasé païens, compère, l'âge arrive, il est temps de nous convertir. »

Le chien fut convaincu : ils achetèrent des haches, des sabres et des houes, et firent un abattis. [20] Mais ce fut le chien qui fit presque tout le travail; son compère se fourrait toujours dans quelque coin du champ : tantôt c'était parce qu'il avait mal aux dents et qu'il y avait trop de vent à l'endroit où travaillait le chien; tantôt il craignait d'avoir la queue coupée, tant le chien maniait la hache avec vigueur. Il en était toujours ainsi; et dès que l'œil de son associé n'était plus sur lui, il sommeillait à l'ombre, ou donnait la chasse aux lézards ou aux petits oiseaux. Le chien comprenait bien que son compère n'était qu'un paresseux; mais il était si bon! Et depuis qu'il avait failli commettre un meurtre parce que les rats avaient mangé son gibier, il ne voulait plus se mettre en colère.

A l'approche de la maturité des ignames, ils sarclaient le champ. Le chien avait pris par un bout, le chat par l'autre. Pendant que le chien suait à grosses gouttes, le chat déterra une igname, courut la cacher dans les halliers et revint pour boucher le trou. Mais pendant qu'il grattait la terre à la hâte, son compère tourna la tête par hazard, le vit et lui cria : « Que faites-vous donc là? Est-ce ainsi que vous sarclez? — N'approchez pas, compère! n'approchez pas! répondit le chat, il y a une mauvaise odeur ici! Je me suis purgé ce matin, san pa mouri fen. Nou pa sa iogonon, kompè, viè ka antré, li tan pou nou randé. »

Chien trouvé li rézon. Yé achté rach, sab ké rou, é yé fè bati. Mé sa chien ka-fè près tout travay; so kompè toujou ka-fouré so kò là oun bout bati : oun fwè sa pas maldan kienbé-li, é li guen van trop bò koté chien ka-travay; wòt fwè sa pas chien ka-manié rach fò jouk li pè li koupé so lakio. Toujou konsa; é dipi chien pa gagné wey lasou li, li ka-sigalé là lomb, ouben li ka-lachas lagratich ké piti zozo. Chien ben wè kouman so kompè ka-fè parsou; mè li si bon! É dipi li té-manké tranglé moun pas rat manjé so viand, li pa oulè kolè enkò.

Lò gniam koumansé mi, yé té-ka saklé bati. Chien té-pran oun bò, chat té-pran wot bò. Pandan chien ka-travay jouk dilo plen so kò, chat fouyé oun gniam, kouri séré-li là raguié, é li vini vit pou bouché trou. Mé pandan li ka-graté latè ké présé, so kompè vini viré so tèt é pran rélé : « Kisa ou ka-fè là? A kousa ou ka-saklé? » Chat répond : « Pa proché, kompè! pa proché! Isi-là senti! Mo prijé bonmatin-là, é dipi mo té piti-moun mo manman moutré-mo. kisa moun ki ònèt divet fè voyez-vous, et depuis mon enfance ma mère m'a enseigné ce que doit faire en pareille circonstance une personne bien élevée. » Le chien crut encore cela, le pauvre diable, et il reprit vigoureusement son travail.

Un jour ils allèrent au marché [21] et achetèrent un petit pot de beurre pour accommoder leurs ignames. Ils le portèrent à la maison, le recouvrirent d'une bonne couche de sel et l'enveloppèrent d'un linge pour l'empêcher de rancir. Depuis cet instant, le chat ne rêvait plus qu'au beurre sans trouver le moyen de le voler. Un matin pourtant, pendant qu'ils travaillaient au champ, il s'écria tout à coup : « Compère ! on m'appelle dans le sentier. — Et que vous veut-on ? — C'est un de mes pays qui me demande pour tenir son enfant sur les fonds du baptême. — Allez, compère, dit le chien, allez ! »

Le chat courut à la case, découvrit le pot, retira le sel, se régala de beurre, remit tout en ordre et revint au champ le cœur joyeux.

Aussitôt que le chien le vit, il lui cria : « Eh bien ! quel nom avez-vous donné à votre filleul? — On l'appelle *Commencement*, » dit le chat. Le chien se mit à rire. « C'est donc votre premier filleul? — Oui, compère. »

Dès le lendemain, comme le chien chantait pour s'exciter au travail, [22] le chat feignit encore d'être appelé pour être parrain; le chien s'étonna de ce tan-là. » Chien krè sa, podiab, é li monté ankò lasou so travay, dou.

Oun jou yé alé lavansé é yé achté oun piti fréken dibè pou manjé ké yé gniam. Yé poté-li la kaz, kouvri-li ké bon moso disèl, vlopé-li ké lenj pou li pa rans. Dipi tan-là, sa dibè ounso chat té-ka-chonjé san li pa trouvé kouman pou fè pou vòlò-li. Oun bonmatin poutan, pendan yé ka-travay là bati, li di oun kou : « Kompè chien ! mé moun ka-plé mo la piti chimen. — Sa k'sa-sa yé oulé ? — Sa oun moun di mo pey ka-doumandé mo pou mo batizé so pitit. » — Chien répond : « Alé, kompè, alé ! »

Nou chat pran kouri jouk la-kaz, dékouvri fréken, tiré disèl, valé bon moso dibè, ranjé tout bonbon enkò, é li rivé là bati ké kiò kontan.

Dipi chien wè-li, li rélé : « Enben ! a ki non-sa ou bay ou fiyol ? » Chat répond : « Sa *Koumans-man* yé plé-li. » Chien pran ari : « Sa ou prémiè fiyol ? — Wi, kompè. »

So landimen, chien té-ka-chanté pou li travay ké kiò. Chat fè enkò sanblé yé doumandé-li pou paren ; chien doumandé kouman fè tout fam' kaque tous les enfants venaient au monde à la même époque dans son pays. Toutefois, il le laissa aller. Il consomma de nouveau une bonne partie du beurre, et de retour à l'abattis déclara que son filleul s'appelait *Milieu*.

Le troisième jour, le chat craignait bien que le chien ne devinât la ruse; mais quand il pensa combien le fond du pot de beurre devait être excellent, il s'écria tout à coup : « Oh! cette fois c'est trop fort, je ne répondrai plus! — Répondre à qui? » dit le chien. « Comment, vous n'entendez pas toutes les insultes qu'on me jette, parce que je déclare que je ne veux plus qu'on me parle de baptême? Ma cousine est accouchée de deux jumeaux; mon frère aîné est parrain de l'un d'eux, et toute ma famille s'acharne après moi pour que je le sois de l'autre. Mais je ne peux pas toujours vous laisser travailler seul. Non, non, je ne le veux pas : plutôt rompre avec eux tous! » Le pauvre chien lui répondit : « Puisqu'il s'agit encore de faire un chrétien, allez-y, je vous en prie, compère; je ne veux pas que, pour moi, vous vous fâchiez avec tous vos parents. »

Cette fois, le chat vit le fond du pot de beurre. Il le remplit avec du sable, qu'il recouvrit de sel, l'enveloppa dans le linge, et lorsqu'il fut de retour au champ il eut l'impudence de dire à son ami que son nouveau filleul s'appelait *la Fin*.

Mais lorsqu'il entendit le chien lui dire : « Voyez,

akouché mèm tan là so péy. Poutan, li lésé-li alé. Chat manjé bon moso dibè, é kan li torné vini là bati, li di sa *Mitan* ki sa non di so fiyol.

Trwajèm jou, li té manie pè chien diviné so malis; poutan lò li vini sonjé kouman larestan dibè divèt chwit, li rélé oun kou : « Sa fwè-là, li pasé mizou! mo p'ka répond enkò! — Répond koumoun? » di chien. « Kouman, ou pa tandé tout jouré yé ka-jouré-mo pas mo di mo pa oulé kienbé fiyol enkò? Sa mo kouzin' ki fè dé hoho; mo gran frè ka-pran oun pou so fiyol, é tout mo fami là ka-troumanté mo pou mo batizé wòt-la. Mé mo pa pouvé lésé ou konsa tou lé jou ka-travay ou ounso. Non, non, mo pa oulé : pito mo faché ké yé tout! » Pov chien répond : « Dabò sa pou fè oun krékien enkò, alé, kompè, tanpri; fo pa ou faché ké tout ou fami pou mo. »

Sa kou-là, chat fini fréken dibè oun fwè. Li plen li ké sab, mété disèl lasou, vlopé-li ké lenj, é lò li rivé la bati, li fronté di so zami sa *Finichon* li nomé so fiyol.

Mé kan li tandé chien di-li : « Gadé, kompè,

compère, pendant que vous étiez à l'église, moi j'ai récolté des ignames pour que nous les goûtions ce soir avec notre beurre, » il devint sérieusement inquiet. De retour à la maison, pendant que le chien allait et venait dans la chambre, allumait le feu, lavait les ignames et les mettait avec de l'eau dans la marmite, lui, accroupi devant le foyer, il songeait à se tirer d'affaire. Tout à coup les yeux du chien s'arrêtèrent sur le pot de beurre et il s'écria : « Mais que vois-je donc là? Est-ce que notre beurre fait aussi des petits? Le pot paraît plus plein que lorsque je l'ai arrangé. On l'a touché; il faut voir cela de suite. « Le chat s'était levé doucement et s'acheminait vers la porte; mais son compère lui barra le chemin. « Non, mon gaillard, lui dit-il, tu ne t'en iras pas. Nous devons être là tous les deux pour examiner quelle sorte de piaye (23) on a mis dans notre beurre. » Et ses yeux lançaient des éclairs. Pendant qu'il jetait le sel et découvrait le sable, le coupable, troublé par la crainte, se blottit sous le lit, et là, le poil hérissé, le corps courbé en deux, les griffes en avant, il fit tête au chien, qui essayait en vain de le saisir et qui criait : « Ah! paresseux! ah! scélérat! non seulement tu voles les gens, mais encore tu te moques d'eux! Je comprends maintenant quels sont les filleuls que tu as baptisés : *Commencement! lieu! la Fin!* Si je n'avais pas été si niais, j'aurais visité mon beurre dès ton premier pandan ou la légliz, mo mèm ka-fouyé gniam pou nou gouté-yé ké nou dibè aswè-la, » so wey koumansé cho. É lò yé rivè la kaz, pendan chien ka-torné-viré landan chamb, limé difè, lavé gniam mété la chouguiè ké dilo, li mèm diokoti divan fouyé ka chonjé kisa pou li fè. Oun kou wey chien tonbé lasou fréken dibè é li pran rélé : « Outrou! k'sa mo ka-wè? Es nou dibé ka-fè piti wési? Li samblé li pi rot pasé lò mo té-ranjé-li; moun tou-ché-li; fo mo wè sa tou souit. » Chat té lévé dous-man é ka-maché bò di lapòt. Mé so kompè baré so chimen. « Non, non, mo boug, diti, to p'ka alé oun koté, fo nou tou-lé-dé là pou wè sa ki play yé mété là nou dibè. » É so wey pran limé san-blé difé. Pendan li ka-jité disèl é li ka-dékouvri sab, chat, ké kiò fad, séré so kò enba lit. Ato li gonflé so pwèl, kroubé so do, é so zong toujou bò di chien ki pa pouvé kiembé-li, é ki là ka japé é ki ka rélé : « Ah! fénian! ah! koken! sa pa vòlò ounso to ka-vòlò moun, fo enkò tò foutan di-yé! Mo konprand atò sa ki fiyòl to té-ka-batizé : *Koumansman! Mitan! Finichon!* Si mo pa té si sot, mo té-wa vini gadé mo dibè dipi mo té-tandé nou di prèmiè fiyòl-la. Mé nou k'é réglé tout nou kont jodi! » É pandan li ka palé li ka-sasé vansé so né enba lit; mé chak fwè li ka-guen dé bon kou zong baptême ; mais nous allons régler tous nos comptes aujourd'hui ! » Et, tout en aboyant, il cherchait à avancer le nez sous le lit. A chaque tentative il recevait deux vigoureux coups de griffes, et était contraint de reculer en mêlant un hurlement à son aboiement.

Ils se battirent ainsi longtemps. Enfin le chien, las et furieux, avait la tête tout en sang ; mais il se coucha devant le lit en disant : « Tant pis ! je ne boirai pas, je ne mangerai pas, je ne dormirai pas avant de t'avoir étranglé. » Le chat répondit, sans paraître en colère : « Allons, compère, voyez comment vous faites couler votre sang pour un méchant petit pot de beurre rance, sans savoir même si ce n'est pas le soleil qui l'a fait fondre. Demandez à votre bonne amie ce qu'elle en pense; la voilà qui vient, elle va vous trouver gentil ! » Le chien retourna la tête pour voir si sa bonne amie arrivait réellement. C'est ce qu'attendait le chat : il bondit sur le dos de son ennemi, lui appliqua deux coups de griffes dans les yeux, en disant : « Ft ! ft ! roquet ! » Et pendant que mon pauvre chien, à moitié aveuglé, hurlait de douleur, il disparut dans les broussailles.

Le chien n'oublia jamais toutes les misères que lui avaient causées les fourberies du chat, et jusqu'à nos jours leurs races sont restées irréconciliables.

chat là so guiòl, é li blijé kioulé ké krié mélé ké japé.

Yé briga briga konsa jouk chien koumansé las. A dé kolè li kolè! So tèt tou plen kè disan, mé li konché divan lit é li di : « Manfou! mo p'ka-bwè, mo p'ka-manjé, mo p'ka-dromi jouk tan mo tranglé to! » Chat répond san parèt kolè : « Anou, kompè, gadé kouman ou ka fè ou disan koulè pou oun michan piti pot dibè ki tou rans, é ankò ou pa savé si sa pa solé ki fè li fond. Doumandé ou koumè si sa oun rézon sa; mé-li ka vini, l'a trouvé ou bel! » Chien viré tèt pou wè si so koumè ka-vini vrè. A sa chat té-ka-atand : li volé là do chien, bay li dé kou zong la so grèn-wey, jouré li : « Foutt? foutt! kakiò! » É pendan mo pov chien ki té près borgné, té-ka-rélé a fòs li fè li mal, li filé landan gnaman.

Chien pa jamen blié tout mizè chat té fè li wè ké so malis, é jouk jou-di-jodi yé ras pa pouvé dakò.

4

Je disais ce soir à un chien que son aïeul avait aussi été par trop niais avec le chat. Il en conçut une telle colère qu'il me donna par derrière un furieux coup de pied qui m'a enlevé en l'air et m'a envoyé tomber ici pour vous conter mon conte. (24)

Aswè-là mo té-ka-di oun chien so gran-papa-la té tro sòt ké chat wési. Alòs li kolè, li fout mo oun kou di pié la mo gogo, fò sitelman k'li fè mo volé anlè jouk mo vini tombé isi-là mo ka-konté-zòt mo kont.

IV

LES DEUX CHATS & LE SINGE

FABLE (25)

Deux chats possédaient un morceau de fromage;
Lorsqu'il s'agit de le partager
(Vous savez combien les chats sont voleurs),
Ils se querellèrent, ne purent tomber d'accord
Et furent, dans leur colère, plaider au tribunal du singe.

Le singe, des lunettes sur le nez,
Un bonnet sur la tête, une robe noire sur le dos,
Coupa le fromage, en fit deux parts.

IV

DÉ CHAT KÉ MAKAK

DOLO

Dé chat té guen moso fromaj ;
Lò pou patajé yé bagaj
(Zòt savé kouman chat vòlò),
Yé guen dibri, yé pa dakò,
La tribinal makak yé maché pou pléd&.

Makak, ké linèt la so né,
Ké bonè la so tèt, ké ròb nwè la so do,
Koupé fromaj, fè dé moso.

Lorsqu'il les mit dans la balance :
« Allons ! dit-il, je n'ai pas de chance ;
Comment donc ai-je fait? Le côté droit est plus lourd.
J'en retirerai un peu avec mes dents! »
Il mordit immédiatement le fromage et en avala un gros mor-
Le côté droit devint plus léger. [ceau.
« Tiens ! tiens! dit-il, que je suis maladroit !
Regardez-bien : c'est le côté gauche
Qui est le plus gros. »
Et sans tarder il en avala encore une bonne bouchée.

Nos deux chats, tout effarés, regardaient leur fromage ;
Ils craignirent un malheur; ils devinrent sages
Et se mirent à crier : « Singe! c'est bien ainsi ;
Nous prendrons nos parts comme elles sont. »

Le singe leur répondit : « Mes enfants,
Si vous êtes d'accord, hâtez-vous de le dire,
Parce que, voyez!
Ce reste de fromage là, qui est tout mordillé,
N'approche pas de ce qui m'est dû pour la perte de mon temps.
Toutefois, ne craignez rien, je le prendrai pour salaire.»

Et à l'instant il fourra dans sa bouche tout le fromage ;
Il ne laissa pas aux chats de quoi nourrir une mouche.

Lò li mété yé la balans :
 « Wéwé! diti, mo pa guen chans;
« A kouman don mo fè? Bò di drèt pi pèzan.
 M'a tiré moso ké mo dan! »
Là, li modé fromaj jouk li valé gro-bi.
 Bò di drèt vini pi piti.
 « Ayo! diti, mo malagòch,
 Gadé bonbon; sa bò di gòch
  Ki pi gro. »
 Là mèm li valé bon moso.

Nou dé chat, ké wéy cho, ka-gadé yé fromaj ;
 Yé pè mizè, yé vini saj;
Yé koumansé rélé : « Makak! li bon konsa;
 N'a pran nou pa kou yé fika. »

 Makak répond-yé : « Mo pitit,
 Si zòt dakò, palé touswit,
  Pas, zòt gadé!
Sa larestan fromaj ki là, ki tou modé,
Pa chikèt pou payé tout sa tan mo pédi.
Poutan, pa kasé-kiò, pou péman m'a pran-li! »

É là-mèm li fouré tout fromaj là so bouch;
Sa li lésé pou chat pa té-wa-nori mouch.

V

LA CIGALE & LA FOURMI

FABLE (26)

La cigale avait tant chanté pendant la belle saison,
Qu'elle n'avait pas pensé à travailler; son champ était en hallier.
Mais, quand vint la saison des pluies, la faim la travaillait;
Elle alla trouver la fourmi pour emprunter un peu de couac.

La fourmi l'écouta attentivement, puis lui dit « Commère,
Pendant tout le temps où j'ai travaillé, que faisais-tu?
— Sœur, je chantais! — Ah! tu chantais!
A présent, ma chère commère, tu peux bien danser! »

V

SIGAL KÉ FROUMI

DOLO

Afòs sigal chanté pandan tan di botan,
Li pa chonjé travay, so bati sa gnaman.
Sèk lò lapli vini ala fen baré-li;
Pou prété moso kouak l'alé trouvé froumi.

Froumi kouté bonbon, atò dili : « Koumè,
Tout-tan mo ka-travay kisa to té-ka-fè?
— Sò, mo tè-ka-chanté! — Ah! to té ka-chanté!
Atò-la, chè koumè, to bien pouvé dansé! »

VI

LE CHEVAL & LE MULET

FABLE (27)

Un jour, pour faire sa route,
Un habitant de sous le vent (28) avait amené
Son mulet pour porter le bagage
Et son cheval pour le monter.

Le mulet tomba malade
Avec toute sa charge sur le dos ;
Il pria son compagnon
De le soulager un peu.

VI

CHOUVAL KÉ MILÈ

DOLO

Oun jou, pou fè so voyaj,
Oun moun soulvan té-méné
So milè pou pran bagaj,
So chouval pou li monté.

Milè-la vini malad,
Ké tout bagaj là so do,
Li priè so kamarad
Pou li hidé li moso.

Le cheval lui répondit : « Compère,
Je crois que tu plaisantes :
Le bagage est ton affaire,
Moi j'ai la selle à porter. »

Le mulet supporta sa souffrance
Et on l'assommait de coups,
Jusqu'au jour où, sur les sables du bord de la mer,
Il se coucha pour mourir.

Alors, pour le reste du voyage,
Le cheval dut tout porter,
Le maître, la selle, le bagage
Et la peau du mulet par dessus.

Chouval répond-li : « Kompè,
Mo krè sa joué to ka-joué ;
To bagaj sa to zafè,
Mo guen lasèl pou poté. »

Milè soufri so soufrans ;
Yé ké baton lasou-li,
Jouk oun jou lasou sab-lans,
Li kouché long pou mouri.

Sèk, pou larestan voyaj,
Mo chouval blijé pran tou,
Mèt, ké lasel, ké bagaj,
Ké lapo milè lasou.

VII

LE CHIEN-CRABIER & LE COUROUMOU

FABLE (29)

Un jour, monsieur couroumou, perché sur un toit,
Avait ouvert ses deux ailes pour se chauffer le dos;
Le compère venait de voler sur le marché
Un morceau de fromage pour son premier déjeuner.
   Écoutez bien! tra la la!
   Écoutez bien mon apologue!

Un chien-crabier, ce jour-là, chassait dans les environs,
Sans avoir pris un pauvre calichat. (30)

VII

CHIEN-KRABIÉ KÉ KROMOU

DOLO

Oun jou, mouchè kromou, planté lasou bardo,
Té louvri so dé zèl pou li chofé so do;
Kompè-la é soti vòlò lasou laplas,
Pou li kienbé so kiò oun bi fromaj-patgras.
  Konté bon bon, tra la la! *(bis)*
 Kouté bonbon mo dolo-la, tra la la!

Oun chien-krabié, jou-là, té-ka-lachas bò-là,
San li pa té-kienbé oun michan kalicha.

Les cancres lui avaient fendu le nez, les huîtres blessé les pattes,
Les crabes lui avaient pelé la queue comme une queue de rat.
      Écoutez bien, etc.

En regardant le couroumou il fut saisi de jalousie :
« Ah ! dit-il, moi seul je n'ai pas de chance aujourd'hui !
Ce paresseux, rassasié, a un fromage dans le bec,
Et moi, affamé, je n'aurai que de l'eau à boire. »
      Écoutez bien, etc.

Notre chien-crabier s'avança d'un air humble
Et dit au couroumou : « Bonjour, cher monsieur !
Ah ! si je m'approche c'est pour mieux vous voir,
Vous êtes tellement beau que je ne vous reconnaissais pas. »
      Écoutez bien, etc.

« Vos plumes sont un peu noires, je m'en étonne,
Vous avez tant d'esprit qu'elles devraient être toutes blanches ;
Du reste, vous êtes l'élite de notre pays
Et, de plus, on assure que vous chantez à ravir. »
      Écoutez, etc.

En entendant cela le couroumou gonfle son jabot,
Se pavane, fait la roue avec sa queue,
Et, pour montrer au chien son talent de chanteur,
Il ouvre si largement le bec que le fromage en échappe.
      Écoutez, etc.

CHIEN-KRABIÉ KÉ KROMOU

Chank koupé tout so né, zwit blésé tout so pat,
Krab plimé so lakio sanblé oun lakio-rat.
    Kouté bonbon, etc.

Lò li gadé kromou ala jalou pran-li :
« Wi! diti, mo-ounso gagné malò jodi!
Parsou-la, ké vant plen, guen fromaj là so bek,
Mo, ké tout fen mo fen, mo ké-bwè dilo-sek. »
    Kouté bonbon, etc.

Ké so lè bonvalè mo chien-krabié vansé,
Atò li di kromou : « Bonjou, mo chè mouché!
Ay! si mo ka-proché sa pou mo gadé ou,
Afòs mo wè ou bel mo pa krè sa kromou. »
    Kouté bonbon, etc.

« Ou plim'-yé maniè nwè mo pa tro sé kouman,
Ou gagné léspri trop, yé té divèt tou blan;
Sa ou ki sa kaptèn landan tout nou péi
Enkò yé di-konsa ou ka-chanté fini. »
    Kouté bonbon, etc.

Lò kromou, tandé-sa, li gonflé so jabo,
Li ka-fè so vanté, ka-drésé so lakio,
É pou li montré chien kouman li sé chanté,
Li louvri so bek gran jouk so fromaj chapé.
    Kouté bonbon, etc.

Notre crabier saute dessus et l'avale.
Et alors il dit au couroumou d'un air goguenard :
« Que regardes-tu avec cet air niais ?
Les gens qui ont de l'esprit vous l'auraient-ils volé ? »
   Écoutez, etc.

« Si l'on a fait tant de bassesses près de toi
C'était uniquement pour te tromper ;
Tu n'as pas à te fâcher, mon cher compère corbeau,
Ton vieux petit morceau de fromage paiera mon apologue. »
   Écoutez bien, etc.

En entendant cela, le couroumou s'écria : « Voilà qui est fort
Que les chiens-crabiers de nos jours sont menteurs !
Maintenant quand on me dira que je suis beau j'aurai peur,
Je n'écouterai plus !... quoique je sache que c'est vrai. »
   Écoutez bien ! tra la la !
   Écoutez bien mon apologue !

Hip! mo krabié volé, li valé li oun kou,
Atò sa ké ari li pran ka-di kromou :
« Kisa to ka-gadé ké to lè ki tou sòt?
Ès moun ki guen léspri vòlò-li koté zòt? »
     Kouté bonbon, etc.

« Si moun fè bonvalé ké twè di tout fason
Sa té pou té-pran twè méné là dilo-fon;
To pa guen pou kolè, mo chè konpè krobo,
To vié chikèt fromaj wa-péyé mo dolo. »
     Kouté bonbon, etc.

Lò kromou tandé sa li rélé : « Mé palò!
Chien-krabié di jodi gadé kou yé mantò!
Si moun di-mo mo bel, atò-là mo wa-pè,
Mo p'ka jamen kouté!... enkò mo sé sa vrè. »
     Kouté bon bon, tra la la! *(bis)*
     Kouté bonbon mo dolo-la, tra la la!

VIII

LE CHIEN-CRABIER QUI A PERDU SA QUEUE

FABLE (31)

Les crabes avaient tant torturé la queue d'un chien-crabier,
Qu'elle devint malade au point qu'elle tomba ;
Mon pauvre crabier était honteux et se cachait,
Mais il était d'une race pleine de finesse : écoutez sa ruse.

Un jour que sa nation s'était rassemblée dans les bois,
Il s'approcha sans se retourner et s'assit à petit bruit.
« Chers compagnons, dit-il, je veux vous entretenir
D'une mode que nous suivons et qui me paraît bien ridicule.

VIII

CHIEN-KRABIÉ KI PÉDI SO LAKIO

DOLO

Afòs krab troumanté lakio di chien-krabié,
So lakio-la malad jouk li vini tombé;
Mo pov krabié ronté, li ka-séré so kò,
Mé ras-la tro malis : zòt kouté so palò.

Oun jou tout so nachon té-sanblé là gnaman,
Li proché san viré, li asi tou dousman.
« Chè kopagné, diti, mo oulé palé zòt
Oun lamòd nou gagné ki parèt-mo tro sòt.

LE CHIEN-CRABIER QUI A PERDU SA QUEUE

Que faisons-nous tous avec une mauvaise queue
Qui traîne dans la boue et trempe dans l'eau ?
Je sais qu'elle semble de quelque utilité pour prendre des crabes,
Mais son usage est douloureux, je préfère me servir d'un bâton.

Le Bondieu nous a fait ce triste cadeau pour défigurer notre race ;
Nous faisons la grimace dès que les crabes la touchent ;
Elle ne sert à rien, ce n'est pas un ornement ;
Tenez ! si vous m'en croyez, nous la couperons tous. »

Un vieux père crabier qui écoutait ce discours
Le regarda dans le blanc des yeux et lui dit :
Nous avons entendu tes arguments, mais montre-nous ton dos ;
Tout le monde comprendra alors pourquoi tu détestes tant la queue.»

Notre pauvre crabier, tout honteux, aurait voulu rentrer sous terre ;
On le hua tellement qu'il fut obligé de s'enfuir.
Bien des gens font fi des bonnes choses,
Et, s'ils le pouvaient, ils en useraient tout de suite.

Kisa, nou tout ka-fè ké oun michan lakio
Ka-tréné là labou, ka-tranpé là dilo?
Mo ben sé, pòu pran krab, li parèt maniè bon,
Mé li guen so soufrans: mo pimignò baton.

Bonguié bay-nou bèt-là pou gaté tout nou ras;
Dipi krab touché-li nou ka-fè lagrimas;
Li pa bon pou arien, li pa fè nou joli;
Ten! si zòt kouté-mo nou tout wa-koupé-li. »

Oun vié papa krabié, ki té-ka-kouté sa,
Gadé-li là so wéy atò dili konsa :
« Nou tandé to rézon, mé montré-nou to do ;
Tout moun wa-sé poukfè to si rahi lakio. »

Mo pov krabié ronté, li té-oudrèt mouri ;
Yé rélé lasou-li jouk li blijé kouri.
Tan di moun ka fè chia lasou dé choz ki chwit,
È si yé té pouré yé té-wa-guen touswit.

FABLES ET CHANSONS

PAR

A.-EDOUARD DE ST-QUENTIN

I

LE TIGRE & L'AGNEAU

FABLE (32)

Un agneau se baignait
Dans un ruisseau limpide comme l'eau sortant du rocher.
Un tigre survint près de ce ruisseau.
Ce jour-là il avait été maladroit
Et il n'avait jamais pu
Attraper le moindre gibier pour le dévorer;
Il était affamé, il était furieux.
Il dit à l'agneau :
« Sais-tu où tu te trouves?

I

TIG KÉ PITI-MOUTON

DOLO

Piti-mouton té-ka-lavé
Là dilo klè kou dilo ròch.
Là dilo-la tig rivé.
Tig, jou-la, té malagòch
É li té pa jamen pouvé
Trapé viand pou li manjé ;
Li té-fen é li té-kolè.
Li di piti-mouton konsa :
« Gadé ki koté to fika?

Ignores-tu que cette rivière est à moi?
Dis-moi, drôle! comment se fait-il
Que tu aies l'audace de t'y baigner? »

L'agneau répondit : « Cher maître,
Considérez qu'il est impossible
Que je trouble votre eau,
Puisque c'est vous qui êtes au haut du courant. »

Le tigre hurla : « Tais-toi! traître!
Chétif!... Tu te compares à moi?
Rappelle-toi tous les mensonges que tu as débités sur moi
A la belle saison dernière! »

« — Cher maître! à la belle saison dernière,
Comment l'aurais-je fait,
Puisque je n'étais pas né? »

« — Si ce n'est toi, c'est ton frère aîné! »

« — Je n'en ai point! »

« — Alors c'est ta mère!
Si ce n'est pas elle   grand'-mère;
Car, je le sais bien,   e race,
Si vous aviez de l'intᴇ   ҙ comme les blancs,

To pa vè sa mo lariviè?
Fweng! mo koken, sa poukoufè
To fronté ka lavé la-là? »

Piti-mouton répond : « Chè mèt,
Gadé ki sa pa pouvé-tèt
Ki mo ka-gaté ou dilo,
Pis ki sa ou ki pi laro. »

Tig rélé : « Kawka twè! trèt!
Mankanki!... Mo mèm ké to?
Chonjé sa kont to fè pou mo
La botan di lané dègniè! »

« — Chè mèt, la botan pasé,
Kouman mo té-wa-pouvé fè,
Dabo tan-la mo té pa né? »

« — Si sa pa to, sa to gran frè! »

« — Mo pa gagnen! »

« — Sa to manman!
Si sa pa li, sa to gangan;
Pas mo ben savé, là zòt ras,
Si zòt té guen léspri kou blang,

Vous nous donneriez la chasse.
Aujourd'hui c'est toi que je tiens,
Et c'est sur toi que je vais me venger !
Tu comprends? »
     Alors il s'élança,
Saisit l'agneau avec ses dents,
L'entraina dans les halliers
Et le mit immédiatement en pièces.

Cela prouve que le plus fort
Ne saurait jamais avoir tort.

TIG KÉ PITI-MOUTON

Zòt té-wa-bay-nou lachas.
Jodi-la sa to mo kontré,
Sa lasou to mo k'é vanjé!
To tandé? »
    Là li kouri vit,
Trapé piti mouton ké dan,
Li ralé-li landan gnaman,
Li kayakaya-li touswit.

Sa ka prouvé moun ki pi-fò
Yé pa jamen pouvé guen tò.

II.

LE POT DE TERRE & LA MARMITE

FABLE (33)

La marmite un jour se fâcha
D'être confinée au foyer;
Elle se mit à déblatérer
Avec le pot de terre, son compère;
Avant qu'on fut levé dans la maison,
Elle dit : « Voyez notre misère!
Nous sommes toujours dans le charbon,
Dans la cendre, dans la poussière,

II

KANARI KÉ CHOUGUIÉ

DOLO

Un jou chouguiè trouvé kolè
Di fika là so fouyé;
Li koumansé ka babié
Ké kanari, so konpè;
Avan moun di kaz lévé,
Ka-di : « Gadé nou mizè!
Nou toujou landan cherbon,
Landan sand, là lapousiè,

Dans le feu : tout cela est triste.
Cher compère, échappons-nous ! »

Le pot de terre lui répondit : « Ma commère,
Vous plaisantez ! Si je sors d'ici,
Je serai brisé en mille morceaux.
Ma peau est faite de terre,
Elle ne saurait résister à rien ;
Laissez-moi dans mon coin.
Pour vous, qui êtes solide, c'est une autre affaire ;
Partez, bonne chance ! adieu ! »

La marmite lui dit : « Allons donc ! compère,
Ne suis-je pas avec toi
Pour garantir ta peau ?
Nous marcherons toujours tout près l'un de l'autre ;
Si nous rencontrons quelque caillou,
Je le briserai avec mon dos. »

Le pot de terre crut cela, le pauvre diable ;
Il sortit de dessous la table
Et se traina dans la rue.
Le chemin était difficile ; la marmite
Marchait cahin-caha,
Si bien qu'elle heurta le pot de terre,
Qui fut brisé en mille morceaux.

Là difè : tou sa pa bon.
Chè konpè, anou maron! »

Kanari répond : « Koumè,
Ou ka-joué! Si mo soti,
M'a kasé piti-piti.
Mo lapo fèt ké latè,
Li p'ka jen pouvé kienbé ;
Lésé-mo là mo koté.
Ou ki dou, sa wòt zafè ;
Ou pati, kouraj! aguié! »

Chouguiè di : « Awa! konpè,
Es mo-mèm pa la ké to
Pou mo défand to lapo?
N'a maché toujou tou proch ;
É si nou kontré ké roch,
M'a kasé-yé ké mo do. »

Kanari kré sa, podiab ;
Li soti anba so tab,
Ralé so kò là lari.
Chimen té pa bon ; chouguiè
Ka-maché magnè-magnè,
Jouk li kosté kanari,
Ki kasé torné frifri.

Songez-y bien : dans ce bas monde,
Lorsque vous entreprenez quelque chose,
S'il vous faut un compagnon,
Associez-vous à votre égal ;
Autrement vous en souffrirez,
Et toujours il vous arrivera
Ce qui est arrivé au pot de terre.

Zòt wè-li: lasou latè,
Kan moun envi fè zafè,
Si li benzwen kopagné,
Fò li pran so galité;
Sankwè li wa-guen mizè,
É toujou l'a rivé li
Sa ki rivé kanari.

III

LE CRAPEAU

CHANSON

Nota. — Jusqu'ici, même au risque de faire des phrases françaises un peu boiteuses, je me suis tenu, en traduisant, aussi près que possible du texte créole, n'admettant d'équivalent que lorsque la phrase littérale cessait d'avoir un sens en français. A tort ou à raison, peut-être *à tort*, j'ai fait plutôt des *versions* que des *traductions*. Mais, dans la chanson ci-contre, version et traduction paraîtraient sans valeur dans notre langue; on ne

III

KRAPO

CHANTÉ

Krapo k'alé bat laguè
Vini trouvé so gangan,
    Là so boukan,
Li di-li konsa : « Chè-mè,
Mo k'alé là wòt péi
    Sasé zénmi.

Fo ou bay-mo dé kilòt
Ké oun joli kalenbé

saurait reproduire dans un autre idiome des chansons populaires telles que *Malbrouk s'en va-t-en guerre* ou *Au clair de la lune*, cela paraîtrait simplement stupide.

J'ai donc renoncé à traduire en français le charmant apologue du *Crapeau*. C'est la mise en action du proverbe créole qui le termine comme moralité : *Yé pa jamen wé krapo poté la kio* (on n'a jamais vu crapeau porter une queue). Je me borne à en donner l'analyse.

Un jeune crapeau, saisi d'une belle ardeur belliqueuse, va déclarer à sa grand'-mère qu'il veut partir pour l'armée. Il lui demande un équipement convenable : des culottes pour se faire beau, des souliers pour la marche, des bottes pour monter à cheval et un calimbé, (34) vêtement léger pour le combat. La bonne vieille, tout éplorée, va trouver le *capitaine* Apan, (35) énorme crapeau qui jouit sans doute d'une autorité incontestée parmi les batraciens, et le supplie de détourner son petit-fils de ce projet insensé. Le capitaine fait venir le jeune ambitieux, et dédaignant de lui parler dans un langage vulgaire, lui donne, en français, de sages conseils, qui doivent le ramener à des sentiments plus modestes et plus en rapport avec sa position sociale.

Pou mo mété;
Wa bay mo oun pè di bòt,
Ké oun bel pè di sonlié
Pou mo chosé.

Gangan-la chagren touswit
Di wè so piti zanfan
Vini michan;
Li kouri kouri ben vit,
Alé wé kaptèn Apan
Là so gnaman.

Li di-li : « Mo chè kaptèn,
Mo pitit di-mo konsa
Li wlé briga,
Sa ka-fè mo tro lapèn,
Ampéché, mo chè zami,
Wom-la pati. »

Kapitèn Apan kolère
Li voyé sasé krapo
Obò dilo
Li dili : « *Que vas-tu faire?*
Tu ne saurais, mon ami,
Sortir d'ici.

Comment rendre tout ce qu'il y a de finesse dans ce petit conte ? Il faut le comprendre en créole ; il faut savoir qu'au temps de l'auteur, la *chaussure* (36) était, à la Guyane, un des priviléges les plus enviés de l'homme libre ; il faut enfin apprécier la naïveté de certaines formes de langage qui, traduites en français, deviendraient tout à fait triviales.

Alf. de St-Qtin.

Reste dans ta touffe d'herbe :
Tu ne trouverais ailleurs
Que des malheurs,
Car tu connais le proverbe :
Yé pa jamen wè krapo
Poté lakio. »

IV

LA BONNE TOTO

CHANSON

Nota. — Si la chanson précédente n'est pas susceptible de traduction, celle-ci ne comporte même pas une analyse. C'est une chanson de berceuse inspirée à l'auteur par l'amour paternel. Tout son charme est dans le rythme, les assonnances et la peinture des mœurs enfantines du pays. Les mères ne l'auront pas oubliée à Cayenne; elles la chantent peut-être encore (sur l'air *C'est la mer' Camu qui a perdu son chat*) pour endormir

IV

NÉNÉ TOTO

CHANTÉ

Kan to néné Toto
Ki guen tété bay-to
Ka fwété to gogo
Pas to pa wlé dodo,
Dili : « Néné Toto,
Pa fwété mo gogo, *(bis)*
Li ka-fè mo bobo. »

Atò kan to néné
Pa wlé bay-to tété,

leurs nourrissons, comme la bonne nourrice Toto la chantait à mon neveu. Je ne l'ai reproduite que parce que c'est probablement le *monument littéraire* le plus ancien écrit en créole de Cayenne, depuis quelques essais de cantiques publiés, au milieu du siècle dernier, par les missionnaires jésuites.

Alf. de St-Qtin.

Fo pa to jen krié,
Fo pa to antété,
Fo di-li : « Chè néné,
Dabò nianpwen tété, *(bis)*
Fo bay-mo matété. »

Kan to néné vini
Ké poudravè là kwi
Ou ben pamaskriti
Fo vit to valé-li.
Tout to vè wa mouri,
Kaba to wa guéri
Epi to wa-dili :
« Chè néné, grémési ! »

Kou to lévé kaba,
To wlé to chikola.
Si to manman pa là
Doumandé to papa ;
Dili : « Mo chè papa,
Bay-mo mo chikola, *(bis)*
M'a valé so baba. »

ROMANCE

PAR

M.-F.-N.-Eugène De St-Quentin (37)

AMIE, ADIEU!

ROMANCE

Je pars, le navire s'en va,
  Amie, adieu !
Laissez-moi baiser vos mains et vos cheveux !
  Amie, adieu !
Quand je serai là-bas vous songerez à ma peine !
Ne m'oubliez pas, n'oubliez pas votre ami !
Comment pourrai-je vivre si loin de vous ?
  Amie, adieu ! Hélas ! adieu !

ZAMI, AGUIÉ!

CHANTÉ

Mo ka pati, navi-la ka-alé,
    Zami, aguié! *(bis)*
Lésé mo bo ou lamen, ou chivé!
    Zami, aguié! *(bis)*
Kan m'a laba wa chonjé mo mizè!
Pa blié mo, pa blié ou konpè!
Si lwen di ou kouman m'a fè rété?
    Zami, aguié! Ay! aguié!

AMIE, ADIEU

Rappelez-vous, rappelez-vous notre rencontre,
    Amie, adieu !
Vous m'avez promis de ne jamais l'oublier.
    Amie, adieu !
Dès que je vous vis mon cœur s'enflamma,
Je demeurai immobile les yeux fixés sur vous ;
Oh ! que vous étiez belle ! Vos yeux étincelaient !
    Amie, adieu ! Hélas ! adieu !

Je vous parlai, j'entendis votre voix,
    Amie, adieu !
Et nous nous aimâmes.
    Amie, adieu !
C'en est fait ! maintenant je pars !
Vous gémissez, vos larmes coulent,
Mais bientôt viendra l'oubli !
    Amie, adieu ! Hélas ! adieu !

FIN DES CONTES, FABLES ET CHANSONS

ZAMI, AGUIÉ

Chonjé, chonjé koté nou té kontré,
    Zami, aguié! *(bis)*
Ou promèt-mo, ou toujou wa chonjé.
    Zami, aguié! *(bis)*
Lò mo wè ou tout mo kiò pran boulé,
Wey lasou ou mo fika ka gadé;
Ay! ou té-bel! Ou wéi té-ka-limé!
    Zami, aguié! Ay! aguiè!

Mo palè ou, mo tandé ou palé,
    Zami, aguié! *(bis)*
Nou tou lé dè kontan nou kopagné.
    Zami, aguié! *(bis)*
Palò fini! atò-la mo k'alé!
Ou ka-krié, dilo wéy ka-koulé,
Mé titalò sa blié wa-blié!
    Zami, aguié! Ay! aguié!

FINICHON DI KONT, DOLO KA CHANTÉ

NOTICE
GRAMMATICALE & PHILOLOGIQUE

SUR LE CRÉOLE DE CAYENNE

PAR

M.-F.-J.-Auguste De St-Quentin

OBSERVATIONS

L'auteur de cette intéressante étude, Auguste de St-Quentin, se plaçant au point de vue purement philologique et grammatical, adopte un système d'orthographe plus absolu et (je l'avoue sans hésiter) plus complet et plus rationnel que celui dont j'ai fait usage. En l'absence de tout document écrit antérieur, c'était logique et c'était son droit. On devrait donc puiser là les règles pour *écrire correctement* le créole, si ce langage pouvait avoir de l'avenir. En m'écartant systématiquement de ces règles sur quelques points, j'ai eu pour but de faciliter la lecture et la prononciation des premiers essais de la littérature locale aux personnes, peu nombreuses d'ailleurs, qui pourront y trouver un instant de distraction; j'ai voulu leur éviter l'étude préalable de conventions inusitées, et peut-être trouveront-elles que je suis encore allé trop loin dans les singularités alphabétiques. Mais les amateurs de linguistique, à qui s'adressent plus particulièrement l'*Etude sur la Grammaire*, sauront gré à son auteur de son radicalisme hardi.

Alfred De St-Quentin.

ÉTUDE SUR LA GRAMMAIRE

I

CONSIDÉRATIONS PRÉLIMINAIRES

La Parole, ce noble et précieux attribut de l'homme, reflète si intimement son image, que l'histoire des langues est pour ainsi dire l'histoire de l'humanité. Un phénomène analogue se reproduit dans tous les éléments essentiels et constitutifs des sociétés, loi mystérieuse et constante qui frappe d'étonnement, puis d'admiration quiconque les étudie et les analyse. Si l'on considère, en effet, l'organisation politique des peuples, leurs langages, leurs écoles artistiques ou littéraires, leurs systèmes scientifiques, toutes les institutions humaines, en un mot, *même les plus abstraites*, on les voit naître, s'organiser, s'alimenter et se développer, exactement comme l'homme, leur auteur. Parvenues ensuite à leur maturité, elles restent un certain temps stationnaires; puis elles vieillissent, s'altèrent de plus en plus rapidement, et enfin, après une décrépitude plus ou moins prolongée, quelque grand changement politique ou social vient les frapper de mort.

Alors, sur leurs débris qui se désagrégent surgissent presque toujours des institutions nouvelles, véritables descendants qui, pareils aux enfants de l'homme, ressemblent à leurs ancêtres, peuvent former des familles, plus ou moins nombreuses, ou s'éteindre faute de conditions nécessaires à leur développement.

L'histoire d'une institution humaine quelconque, insignifiante en apparence, offre donc souvent un grand intérêt, aussi bien pour l'historien que pour le philosophe. L'histoire des langages, en particulier, est une des plus curieuses à étudier. L'esprit reste confondu en découvrant, en analysant et en comparant les procédés si nombreux et si ingénieux qu'emploie la pensée humaine pour se donner une forme palpable et méthodique, même dans l'idiome le plus misérable et le plus rudimentaire.

Chaque langue, comme chaque peuple, comme chaque individu, offre toujours à l'observateur, dans son développement et sa physionomie, malgré la constante régularité des phénomènes généraux, un certain nombre de faits nouveaux, un caractère spécial, un génie, en un mot, plus ou moins tranché, qui le distingue individuellement. De cette variété dans l'unité naissent les jouissances intellectuelles que donnent l'examen comparé des idiomes, l'étude analytique philosophique des grammaires et de leur formation. En classant les groupes et les familles de langues, en observant le résultat de leurs contacts ou de leurs mélanges, le philologue constate les faits les plus intéressants et peut en déduire, avec une légitime satisfaction, des lois d'un grand secours pour l'histoire.

Le savant M. Littré a réuni en un volume, sous le titre d'*Histoire de la langue française*, divers articles publiés par lui sur les origines de notre langue. Après avoir lu, avec une attention pleine de charme, ces pages où les aperçus les plus ingénieux se mêlent à une si merveilleuse érudition, l'auteur de cette notice a compris tout l'intérêt que peut offrir, en ce moment où les langues que nous employons en Europe sont à leur âge mûr et même sur leur déclin, l'examen attentif d'un pauvre idiome, véritable nouveau-né du français, qui cherche timidement à se tenir et à marcher seul ; idiome qui pourrait devenir une langue un jour, si la population d'Haïti, acquérant la sève et la vigueur nécessaires pour être plus tard un peuple civilisé, trouvait en elle-même quelques génies organisateurs qui sussent manier le créole, le développer et le fixer par des monuments littéraires sérieux. Éventualité peu probable, car les Haïtiens paraissent plus jaloux, tout en parlant créole, d'écrire un détestable français, que de fonder une langue nationale.

Le langage créole, dans son état actuel, offre une analogie frappante avec notre vieux français à l'époque où il se dégageait des débris altérés du latin. De même qu'en jugeant superficiellement notre vieille langue sur les monuments qui nous en restent, nous sommes tentés d'y voir un idiome confus où les mêmes mots se présentent, dans la même page, avec des différences étranges et de pure fantaisie, où les genres et les nombres font complétement défaut, de même la plupart des Français qui entendent parler un nègre des Antilles ou de Cayenne ne voient dans son langage qu'une suite de mots français estropiés, assemblés sans règle et n'exprimant qu'un sens confus. Or, cette impression est nécessairement fausse. Le désordre ne saurait subsister à l'état d'institution, et là où il se met dans le langage, par le mélange des populations, là, dis-je, commence immédiatement un travail d'organisation. Sur les débris du mélange germe lentement un idiome nouveau, incomplet, fragile, enfantin, facile à modifier comme tout ce qui est extrêmement jeune, mais vivant, c'est-à-dire *possédant une organisation et une individualité propres, au moins élémentaires*. Telle était le français primitif, l'étude l'a démontré. Tel est actuellement le créole.

Ainsi que le grec des premiers âges, qui se divisait en dorien, ionien, éolien; ainsi que la langue des trouvères, qui comprenait le normand, le picard, etc., le créole, jeune et naïf comme ces antiques langages, se subdivise en dialectes divers de Saint-Domingue, de Cayenne, des Antilles, etc. La présente notice traitera particulièrement du dialecte de Cayenne, dans lequel la vieille négresse qui berçait l'auteur de ces lignes, dans son enfance, lui contait ces interminables et merveilleux fabliaux si aimés des nègres, et qui ne sont pas sans analogie avec les récits des rhapsodes et des trouvères.

II

DE L'ALPHABET

Toutes les fois que j'ai essayé d'écrire quelque chose en créole, avec l'alphabet français ou plutôt romain, je me suis demandé ensuite comment une personne qui n'aurait aucune notion de ce langage lirait ce que je venais d'écrire.

Je confesse que le résultat me satisfaisait médiocrement. Je ne trouvais plus que des sons défigurés dans ce que je croyais avoir parfaitement exprimé. J'ai donc recherché les causes qui m'empêchaient de rendre avec notre alphabet les sons que j'aurais voulu placer sous les yeux d'un lecteur ignorant le créole. J'ai médité assez longtemps ce sujet. Mes recherches ont abouti à cet aphorisme :

« Il faut un alphabet spécial pour chaque langage, et cet alphabet existe toujours *théoriquement.* »

Puis, de déductions en déductions, à cet autre :

« Pour se servir d'un alphabet *étranger*, lorsqu'on veut écrire une langue quelconque, il est *toujours nécessaire*, dans certains cas, d'employer des combinaisons de lettres auxquelles on donne une valeur conventionnelle différente de leur valeur réelle. Ces combinaisons remplacent arbitrairement les lettres spéciales à *l'alphabet théorique* de la langue dans laquelle on écrit. »

Mais comment le lecteur connaît-il la valeur de ces combinaisons conventionnelles?

Dans les langues qui possèdent des monuments littéraires, c'est par l'usage régulier et uniforme qu'en font les auteurs. Or, le créole n'a pas de monuments écrits. Il devient donc impossible d'employer l'alphabet romain pour en exprimer *tous* les sons. Conclusion :

« Il est impossible de reproduire, au moyen de l'alphabet d'une langue, la prononciation de *tous* les mots d'une autre langue. »

Les signes conventionnels ont un grave inconvénient : une fois qu'ils sont adoptés, on ne peut plus écrire un mot nouveau où ils doivent figurer avec leur valeur primitive et réelle, sans s'exposer à faire prononcer ce mot conformément à leur valeur conventionnelle. De là des exceptions et des distinctions nouvelles.

Dans un travail beaucoup plus étendu que cette notice, j'avais représenté par des caractères spéciaux les deux ou trois articulations particulières du créole, ainsi que les groupes conventionnels que l'on emploie en français pour exprimer des sons communs au français et au créole. Mais dans un opuscule destiné, comme celui-ci, à être mis sous les yeux d'un lecteur, il ne faut pas rebuter ce dernier en lui présentant des caractères nouveaux, qui gênent sa lecture et l'éloignent bien plus que les groupes conventionnels les plus arbitraires ne pourraient le faire. Je me suis donc résigné aux signes conventionnels consacrés par notre orthographe. Mais il y a des articulations créoles qui n'ont pas d'équivalent en français, par application de l'aphorisme cité plus haut. Que faire? Adopter des combinaisons et les expliquer tant bien que mal? C'est le parti que j'ai pris.

Quant à l'orthographe *étymologique*, je l'ai supprimée complétement. Elle donne trop à ce pauvre créole l'apparence d'un français corrompu et mal parlé.

Alphabet et Orthographe employés dans cet opuscule

A

Il a la même valeur qu'en français. Pour exprimer l'A nasal, il eût été logique d'adopter un signe particulier; mais il ne faut pas être trop radical. Le lecteur français étant habitué à la convention de l'N, conservons l'N comme signe de nasalité, en le remplaçant par M devant P ou B, comme dans notre orthographe. Nous écrirons donc un *banc*, BAN. Cependant, comme l'E muet n'existe pas en créole, et qu'il faut, à l'occasion, faire sonner l'N après l'A, nous le doublerons dans ce cas-là. Une *banane* s'écrira BANANN (38) Cette combinaison a l'avantage d'exprimer assez bien la prononciation des mots créoles en ANN dans lesquels l'A conserve une certaine nasalité.

L'A suivi d'un I ou d'un U ne forme jamais une voyelle composée simple. On doit le prononcer, ainsi que la voyelle suivante, comme si cette dernière avait un tréma. Du reste, il est rarement placé devant une autre voyelle.

B

Comme en français. Pas d'observation.

CH

La lettre C étant inutile en créole, comme équivalent de l'S ou du K, je l'ai supprimée comme telle ; mais je l'ai conservée pour exprimer la consonne conventionnelle CH. Je n'ai pas voulu, même dans ce cas, lui enlever son H, par égard pour les lecteurs français habitués à ce signe. De même que la lettre Q traîne toujours un U à sa suite en français, le c créole sera co   mné à l'h à perpétuité.

D

Même valeur qu'en français. Pas d'observation.

E

L'e, en créole, n'est jamais muet. Il est toujours ouvert ou fermé ; et, comme sa position n'indique jamais d'une manière absolue sa prononciation, il a toujours un accent, sauf quand il est nasal. Les signes français in, ain, ein, etc., n'étant que des représentations purement *orthographiques* de l'e nasal, s'expriment tous en créole par en ou em devant p et b. En doublant l'n, on le fait sonner.

F

Même valeur qu'en français. Pas d'observation.

G

Pour cause d'inutilité, cette lettre disparait en créole, en tant qu'équivalent du j. Il faut donc le prononcer toujours avec le son dur, même devant un e ou un i.

Observation. — Ici devrait figurer un caractère spécial que je représenterai par le groupe conventionnel oy. Cette consonnance n'existe pas en français. Le son qui en approche le plus est celui d'un o dur, suivi d'un y consonne ; le tout fondu en une

seule émission de voix. Exemple : *gyol, gueule.*
Au Sénégal, on représente, je crois, le même son,
qui est d'origine africaine, par DHI, dans les mots
tirés du yolof. Les Arabes, en écrivant un nom
propre du pays nègre qui contient ce son, emploient
le caractère arabe appelé *djimm*, qui ne le représente que très imparfaitement. Exemple : la ville de
Djenné. Tout cela est de convention ; mais, convention pour convention, j'aime mieux mon groupe.
Somme toute, il s'agit d'un G dur très mouillé.
Dans quelques provinces, le G français prend un
son qui en rapproche beaucoup dans les mots
guignon, guérir, etc.

H

Cette lettre s'emploie rarement en créole, sans
être précédée du C. Cependant il y a incontestablement quelques cas d'aspiration. Exemple : *Enhen*,
oui ; *ohôo*, peu importe ; *konhan*, forme fantaisiste
pour *konsa*.

I

Cette lettre est la même qu'en français. Elle
n'est jamais nasale. On doit donc se dispenser de
doubler l'N après elle, et écrire *Térin*, (39) Terrine.
La syllabe IN dans les mots français *fin, sapin*, etc.,
n'est pas autre chose qu'un E nasal. Ecrivez donc,
en créole : sapin, *sapen.*

J

Comme en français.

K

Cette lettre remplace le q et le c dur français. Son emploi est fréquent en créole.

L

Même valeur qu'en français. Pas d'observation.

M, N

Même consonnance qu'en français. Employé sans redoublement après a, e, o, l'n, devient le signe de la nasalité.

L'm le remplace dans ce rôle devant b ou p.

GN

L'n mouillé est une lettre spéciale des langues latines modernes représentée par des groupes conventionnels divers, suivant les peuples. J'ai conservé le groupe français (qui est aussi celui des Italiens), parce que le créole est fils du français.

O

Cette lettre a deux sons distincts en créole : celui de l'o fermé, semblable au son français *eau*, et celui de l'ò ouvert, que l'on trouve dans certains mots français, telles que *tort*, *colonne*, *quote*, etc. Les Anglais expriment ce son, qui tient de l'a par le double caractère, AW. Exemple : *Saw*, *Law*, *Paw*.

En créole, l'o est toujours ouvert lorsqu'il ne termine pas la syllabe, excepté dans les trois mots *choz*, *kichoz* et *pov*. Dans ce cas, il ne prend pas l'accent. Exemple : *trop*, *bol*. A la fin des mots ou des syllabes, il est tantôt ouvert, tantôt fermé. Alors l'emploi de l'accent est indispensable.

P

Comme en français. La combinaison PH substituée à l'F étant purement étymologique, disparait en créole.

Q

Cette lettre n'a été conservée en créole que pour exprimer conventionnellement, unie à l'Y (QY), une articulation inconnue au français. Cette consonnance est la forte du GY adopté plus haut. On pourrait désigner ces deux consonnes par les mots : G et K mouillés. **Qyembé**, tenir.

R

Même son qu'en français. Dans la Guyane, il y a des localités où l'on prononce l'R comme en Espagne et dans le Midi de la France ; mais, généralement, à Cayenne, on le prononce comme à Paris. Dans les dialectes des Antilles, surtout dans le martiniquais, le grasseyement atteint la dernière limite de l'exagération. L'R prend le son du gamma grec moderne, ou même disparait entièrement, pour faire place à une sorte d'aspiration faible.

S

En créole, l's a toujours le son dur du ç. Elle ne sonne jamais comme un z. Il est donc inutile de la redoubler : Exemple *poson*, poisson.

T

Sonne comme en français. Il ne prend jamais le son de l's.

U

Se prononce *ou*. (40) Il n'est jamais nasal; aussi UN se prononce *oune* et ne s'écrit qu'avec un N.

VX

Comme en français. Pas d'observation.

W

C'est l'U (ou) consonne; il est fréquemment employé en créole.

Y

C'est un I consonne. Il n'est jamais employé comme voyelle, en créole, et correspond au *jod* allemand.

Z

Même son qu'en français. Il doit remplacer l's

douce dans les mots créoles tirés du français. — Exemple : *résen*, raisin.

III

DES PARTIES DU DISCOURS

Les parties du discours admises par les grammairiens français ont leur équivalent en créole. Nous les étudierons dans l'ordre que l'on emploie généralement, ordre basé à la fois sur l'importance relative de chacune d'elle et sur la position qu'elles occupent dans la phrase.

De l'article

A première vue, l'article, ou du moins l'article déterminatif, parait ne pas exister en créole. C'est une illusion produite par sa différence radicale avec l'article français. Il est évident, en effet, que dans un idiome où les désinences de genre et de nombre font absolument défaut, l'article est indispensable à la clarté du langage. Seulement l'article est d'un usage moins fréquent en créole qu'en français. Il ne s'emploie qu'avec un substantif qui a déjà figuré dans le discours, ou qui a besoin d'être fortement déterminé. Il se joint souvent au pronom démonstratif, dont il procède d'ailleurs. Nous verrons dans quel cas, en traitant du pronom.

De même que l'article français *le*, *la*, dérive du pronom latin *ille*, *illa*, de même l'article créole *la* prend son origine dans la particule démonstrative *là*.

RÈGLE I. — L'article est avec le pronom la seule partie du discours qui, en créole, prenne la marque du pluriel. Il s'exprime par les mots *la* au singulier, et *yéla* au pluriel.

RÈGLE II. — L'article créole se met toujours après le mot qu'il détermine et même après tous les qualificatifs ou phrases incidentes qui concourent à la déterminer avec lui. Premier exemple : Voici *la* pagaye, ou si vous préférez prenez *le* gouvernail : *mé pagay-la, uben, si u pimignò, pran guvernay-la*. Second exemple : *les* agoutis que j'ai mangés quand j'étais à la campagne ; *agouti mo manjé kan mo té là bitachon yéla*.

Il est indispensable, afin d'éviter la confusion, de mettre un accent grave orthographique sur le *là* toutes les fois qu'il n'est pas article. Ce mot revient, en effet, très souvent en créole. Il y remplit tour à tour les fonctions d'article, d'adverbe, de préposition et même de verbe.

RÈGLE III. — Lorsqu'une phrase créole contient

le mot *la* répété deux fois de suite, l'un des deux *la* est toujours article, et il n'y en a jamais qu'un qui le soit.

Il résulte de cette règle que l'un des deux, mais rien qu'un seul des deux, porte toujours l'accent distinctif. Premier exemple : le nègre est là, *nèg-la là* (le premier *la* est article et le second verbe). Second exemple : la négresse qui a passé là, *négrès ki pasé là la* (le premier *la* est adverbe et le second article).

Observation. — Toutefois, la règle n'est plus applicable lorsque le premier *la* termine une proposition principale et que le second commence une incidence destinée à compléter le sens de la phrase; autrement dit, quand les deux mots sont séparés par un repos. Exemple : mettez-le là, dans sa niche; *mété-li là, là so nich*. Dans cet exemple, il n'y a pas d'article : le premier *là* est adverbe et le second préposition.

A proprement parler, cette exception n'en est pas une. Il s'agit, en effet, non d'une phrase, mais de deux, dont les points de contact ont rapproché fortuitement deux mots identiques.

Quand le substantif est suffisamment déterminé par un autre substantif, on retranche volontiers l'article. Exemple : l'âne de Frédérik, *nann Fré-*

dérik. Mais si l'on veut fortement préciser, l'article reparaît. Exemple : vous savez bien ?... l'âne de Frédérik ; *u ben savé ?... nann Frédérik-la.*

Observation. — La position de l'article créole s'explique par son origine. La particule où l'adverbe démonstratif *là*, dont il est la transformation, se place en effet après les noms auxquels il s'applique.

Ce qui précède a rapport à l'article proprement dit, ou article déterminatif. L'article indéterminé **un, une**, se traduit littéralement du français par le mot *un* pour les deux genres. Il garde sa position avant le substantif. Au pluriel il ne s'exprime pas. On n'exprime pas non plus en créole l'article partitif *de, du, des*. Exemple : de la viande, *vyand* ; des crabes, *krab*.

Du substantif

Il y a peu de choses à dire sur le substantif créole. Il est invariable. Cette invariabilité, qui s'étend à presque toutes les parties du discours, ne permet pas d'indiquer ou de reconnaître le rôle des mots dans une proposition, autrement que par la place qu'ils tiennent dans la phrase. Il en résulte une inflexibilité rigoureuse dans l'ordre logique de ces mêmes mots. Aussi l'inversion est d'un emploi difficile et restreint dans ce langage rudimentaire.

Règle I. — Un substantif placé immédiatement après un autre substantif est régi par le précédent et exprime le génitif. Exemple : les nègres du roi, *nèg rwè*.

Règle II. — Le deuxième substantif peut à son tour en régir un troisième, et ainsi de suite. Chacun des substantifs est alors au génitif par rapport à celui qui le précède immédiatement. Exemple : le sac d'ignames du pays des nègres de mon maître, *sak gnam péy nèg mo mèt*.

Néanmoins, quand le nombre des mots ainsi accolés dépasse une certaine limite, le sens devient confus et il faut employer la préposition *di*, équivalente au mot français *de*. Ainsi il vaut mieux dire : *sak gnam péy nèg di mo mèt*.

La particule *di* est donc en réalité la véritable expression du génitif en créole.

Observation au sujet des noms de nombre. — Quand il s'agit des heures du cadran, les nombres *un, dé, trwa, kat, senk, sis, sèt, uit, nèf, dis* et *onz* se contractent avec le mot heure, pour former les expressions suivantes : *ennò, dézò, trwazò, katrò, senqyò, sizò, sètò, uitò, nèvò, dizò* et *onzò*.

Le substantif joue, dans le discours, des rôles divers, caractérisés, dans certaines langues, par des désinences variées ; dans d'autres, par des prépositions et par la place occupée par le substantif. Telle est l'origine des modifications appelées les *cas*. Nous n'avons pas à en expliquer ici la nature et les fonctions. Nous nous bornerons à donner un tableau de ces cas; en créole comme en français, ils s'expriment par le second procédé, c'est-à-dire soit au moyen de prépositions, soit par la place qu'occupe le substantif. Exemple :

NOMINATIF ET ACCUSATIF

l'homme,   *wom*.

VOCATIF

homme *ou* ô homme!   *wom, wom-ó! wom-la!*

GÉNITIF

de l'homme *ou* d'homme,   *di wom, wom*.

DATIF

à l'homme *ou* à homme,   *bay wom*.

La deuxième forme du vocatif, *wom-ó!* exprime le désir d'appeler vivement l'attention de la personne interpellée. Elle a une nuance interrogative. Exemple : *sò-ó! sò-ó! sa kimunsa?* sœur! ma sœur! qui est-ce?

Sauf l'emploi de l'*ó* au vocatif, cette manière de former les cas s'applique également à la plupart des diverses formes du pronom.

Du pronom
PRONOMS PERSONNELS

En créole, le pronom personnel varie comme *nombre*, jamais comme *genre*. Le pronom de la première personne s'exprime toujours au singulier par *mo*, et au pluriel par *nu*.

Celui de la deuxième personne se rend, au singulier, de trois manières différentes.

1° Par *u*, vous. Forme polie et respectueuse. Ce mot n'est pas un pluriel.

2° Par *to*, toi. Forme familière et amicale.

3° Par *twè*, toi. Forme injurieuse et méprisante.

Le même pronom, au pluriel, s'exprime uniquement par *zot*. La physionomie de ce mot parait bien éloignée de notre mot *vous*. Cependant il en dérive ; c'est une altération de *vous autres*.

Le pronom de la troisième personne est toujours pour le singulier *li*, et pour le pluriel *yé*.

PRONOMS POSSESSIFS

Les pronoms possessifs créoles sont invariables et s'expriment de la manière suivante :

le *ou* les miens, la *ou* les miennes,	*mopa*.
le *ou* les tiens, la *ou* les tiennes,	*topa, upa*.
le *ou* les siens, la *ou* les siennes,	*sopa*.
le, la *ou* les nôtres,	*nupa*.
le, la *ou* les vôtres,	*zotpa*.
le, la *ou* les leurs,	*yépa*.

On voit que, sauf pour la troisième personne, les pronoms possessifs ne sont que les pronoms personnels allongés de la syllabe *pa*.

Observation. — Le pronom possessif s'emploie pour traduire en créole l'expression française *quant à...* Exemple : quant à moi, je pars, *mopa, mo ka-pati ;* quant à lui, il est mort, *sopa, li muri*.

Quand il s'agit d'exprimer : quant à, suivi d'un substantif, on tourne la phrase ainsi : quant à mon cheval, je l'ai vendu ; *mo chuval, sopa, mo vandé-li* (littéralement : mon cheval, quant à lui, je l'ai vendu).

PRONOMS DÉMONSTRATIFS

L'unique pronom démonstratif du créole est *sa*. Il est invariable. Néanmoins, lorsqu'on veut désigner un objet avec une plus grande précision, ou bien rendre les expressions françaises *celui-ci*, *celui-là*, qui se font opposition, le démonstratif *sa* s'unit à l'article, ce qui lui permet d'exprimer le singulier ou le pluriel. Dans le premier cas, c'est-à-dire pour désigner vivement, l'adjonction de l'article suffit. Exemple : cet homme, ces femmes ; *sa woom-la, sa fam-yéla*. Dans le second cas, celui où l'on désire exprimer l'opposition des particules adverbiales françaises *ci* et *là*, on ajoute le mot *isi* après le premier substantif et le mot *là* après le second, en conservant l'emploi de l'article, qui doit toujours se mettre à la fin, d'après la règle II de l'article. Exemple : ces hommes-ci et ces hommes-là, *sa wom isi la é sa wom là yéla*.

Il n'est pas nécessaire que le substantif soit exprimé pour qu'on puisse se servir de l'article. Exemple : celui-ci, celle-ci, *sa la* ou *sa isi la;* celui-là, celle-là, *sa la* ou *sa là la;* ceux-ci, celles-ci, *sa yéla*, etc. *Ce*, *ceci*, *cela* s'expriment par *sa*.

PRONOMS RELATIFS

Employé comme sujet, le relatif se rend par *ki*. Exemple : le chat qui a passé là, *chat ki pasé là la*. Quand le relatif est le complément d'un verbe, on le supprime. C'est un *que* relatif retranché. Exemple : l'enfant *que* j'ai vu, *pitit mo wè;* ou, avec l'article, *pitit mo wè la*. On peut négliger l'article ici, parce que les mots *que j'ai vu* déterminent aussi clairement que l'emploi de l'article le mot *enfant*, et nous avons dit qu'en créole l'emploi de l'article n'est pas indispensable lorsque le substantif est suffisamment déterminé par autre chose.

On emploie rarement, très rarement *ki* pour *que* complément, à l'accusatif, quand c'est tout à fait indispensable pour la clarté du sens.

De qui et *dont* ne s'expriment pas non plus.

Pour les rendre, il faut tourner les phrases de diverses manières, que l'usage seul peut apprendre. Exemple : le nègre *dont* je vois la maisonnette, *nèg mo ka-wè so kaz* (littéralement : le nègre, je vois sa maisonnette).

A qui relatif ne s'exprime pas plus que *de qui*. Exemple : la personne *à qui* je parle, *mun mo ka-palé* (littéralement : la personne je parle).

Il résulte de ce qui précède que le pronom relatif ne s'emploie en créole qu'au nominatif, ce qui ne laisse pas de donner beau jeu à l'amphibologie. Mais par le sens des phrases et par l'emploi fait à propos de particules destinées à préciser les idées, on évite assez aisément cet inconvénient.

PRONOMS INTERROGATIFS

Ils sont invariables. *Qui?* se rend par *kimun? kimunsa? Lequel? laquelle? lesquels?* par *kilakel?* On trouve quelquefois un pluriel formé par l'adjonction de l'article à ce dernier pronom. Exemple : lesquels? *kilakel-yéla?* Mais c'est assez rarement employé. *Quoi?* se traduit par *kisa? Quel? quelle?* adjectif interrogatif toujours suivi d'un substantif, se rend uniquement par *ki* suivi du substantif.

PRONOMS ET ADJECTIFS INDÉFINIS

Ils sont invariables et peu nombreux en créole. *Kèk* s'emploie pour *quelques* devant un substantif;

kèkzen (rare), pour *quelques-uns*; *chak, chaken,* pour *chaque, chacun, chacune*; *okin,* pour *aucun, aucune. Tulédé,* qui correspond à l'*ambo* des Romains, signifie *l'un et l'autre, tous les deux. Personne,* employé négativement, se rend par *pèsonn*; mais *personne* substantif a son équivalent substantif dans *mun.* Ce dernier mot devient un véritable pronom indéfini quand on l'emploie pour *les gens* en général. *On* se rend toujours par *yé. Tel, telle,* s'expriment par *tel*; *entel* veut dire *un tel* ou *une telle*; *telkel* signifie *tel quel* ou *telle quelle*; *beaucoup* se traduit par *boku*; *peu,* par *piti-moso*; *un peu* par *moso.*

Le *de* français, après ces derniers mots suivis d'un substantif, se supprime en créole. Exemple : beaucoup de gens, *boku mun*; un peu de pain, *moso dipen. Autre* se dit *wot*; *un autre* se traduit par *un' ot,* le *w* s'élidant.

De l'adjectif

L'adjectif créole est invariable comme le substantif, de sorte qu'il se confond aisément avec l'adverbe dans certains cas. En français, nous disons : une femme assise, une femme debout. Supposez qu'en français l'adjectif soit invariable comme en anglais et en créole, et que, par suite, *assise* n'ait rien qui le distingue, comme physionomie, de *de-*

bout, il devient impossible de dire lequel des deux mots est adverbe, lequel est adjectif. On ne sait pas davantage si tous les deux sont adverbes ou tous les deux adjectifs.

Il est une chose merveilleuse dans l'organisation des langages : c'est que lorsqu'une langue est privée de certains éléments de richesse et de variété, le fait même de cette privation lui fournit des facilités et des procédés d'un autre genre, totalement inconnus aux idiomes qui possèdent les éléments de richesse dont il s'agit. Ainsi il est certain que la variabilité des adjectifs et leur accord avec le substantif qualifié est un source de beautés dans l'expression de la pensée ; mais il n'est pas moins vrai non plus que plus un mot possède de désinence ou de formes variables, plus son emploi est limité sous chaque forme, plus sa portée est restreinte. Il s'ensuit que, si les mots créoles sont dépourvus de cette variabilité, qui est une source de précision rigoureuse, cela leur donne en revanche une aisance incroyable à jouer les rôles les plus divers, au moyen de procédés spéciaux qui naissent naturellement des besoins qu'on en a.

Nous avons dit que, sans en avoir conscience, la pensée humaine est douée d'un admirable instinct pour perfectionner l'instrument de sa manifestation, si rudes et si informes qu'en soient les éléments. Sans en avoir conscience, répétons-nous, car elle ne peut constater sa merveilleuse faculté qu'après que le langage est formé. Ainsi les grossiers Africains, qui ont jeté les fondements du créole, ignoreront toujours que, pour n'avoir pas su varier l'adjectif, pour n'avoir pas su exprimer le verbe *être* d'une manière complète, pour n'avoir pu enfin conjuguer un verbe quelconque qu'au moyen de particules conjugatives préfixes qui n'altèrent en rien le mot conjugué, ils ont donné naissance à un procédé de langage d'une simplicité, d'une élégance et d'une concision qui séduisent le philologue dès qu'il l'a constaté. Ce procédé est la faculté que possèdent en créole tous les mots en général, mais surtout les attributs, de devenir des verbes et de se conjuguer. Nous l'examinerons en étudiant le verbe, et si nous l'avons signalé ici, c'est que l'adjectif français, en passant en créole, subit très fréquemment ce changement.

En créole, l'adjectif se place, comme en français, quelquefois avant, mais plus fréquemment après le substantif, et cela dans les mêmes locutions généralement qu'en français.

Remarque. — L'adjectif n'est pas pris substantivement aussi souvent en créole qu'en français.

Quand il n'est pas accompagné de l'article ou de quelques mots qui en déterminent parfaitement la signification et le nombre, il faut exprimer en créole le substantif sous-entendu en français.

Exemple : ce sont des vieux, *sa vié mun ;* les bons et les méchants, *bon mun ké michan mun.*

Quelques adjectifs ont, en créole, un substantif correspondant et exprimant la même idée qu'eux, s'ils étaient pris substantivement. Exemple : un homme blanc est un blanc, *un mun* BLAN *sa un* BLANG ; un enfant, *un* PITI *mun ;* un fils (ou une fille), *un* PITIT.

ADJECTIFS POSSESSIFS

Ils sont identiques aux pronoms personnels, sauf à la troisième personne, où *so* remplace *li*. Exemple : ma table, ta chaise, son chapeau, etc. ; *mo tab, to chéz, so chapo.*

Aux Antilles, les adjectifs possessifs sont remplacés par les pronoms personnels placés après le substantif ; ce sont de véritables génitifs du pronom.

ADJECTIFS DÉMONSTRATIFS

Il n'y a qu'un adjectif démonstratif en créole : il est indentique au pronom démonstratif *sa*, et, comme lui, est très fréquemment lié à l'article. Exemple: *ces* gens à qui il parlait, SA *mun li téka-*

palé; ces hommes sont paresseux, sa *wom* YÉLA *yé parsu.*

ADJECTIFS INTERROGATIFS

Nous avons vu, au pronom interrogatif, que le seul adjectif interrogatif correspondant est *ki*, pour tous les genres et tous les nombres.

COMPARATIFS ET SUPERLATIFS

Le comparatif s'exprime par *pi* (qui veut dire *plus)* placé devant le positif. C'est le procédé du français. Exemple : plus grand, *pi-gran;* plus petit, *pi-piti.*

Remarque. — Le mot *que* placé après un comparatif se traduit par *pasé.* Exemple : plus grand qu'une maison, *pi-gran* PASÉ *kaz.*

Il y a un comparatif irrégulier en créole. C'est le mot *pimignò*, qui veut dire *meilleur* et qui se dit pour *pi-bon.*

Le superlatif se forme de plusieurs manières. 1° Comme en français, en employant le comparatif avec l'article ou en faisant précéder le positif de la particule *trè*. Exemple : le plus vieux, *pi-vié* LA ; c'est une très bonne personne, *sa un* TRÈ-*bon mun.* 2° En répétant le positif. 3° En le faisant suivre du mot *mèm.* Exemples : c'est très loin, *li lwen, lwen, lwen;* il est très noir, *li nwè mèm.*

Du verbe

Le verbe est le pivot du langage. De même que l'*existence* est le fait qui domine l'homme, de même le verbe substantif, le premier et pour ainsi dire le seul verbe, le verbe *être*, domine tout dans les langues. Chose étrange! cette partie fondamentale du discours, tout en conservant son importance indispensable en créole, n'y possède que des formes rudimentaires, qu'une expression voilée et presque toujours sous-entendue.

Avant de l'étudier spécialement, nous ferons connaître tout ce qui concerne le verbe créole en général.

I. Il n'y a que deux conjugaisons en créole. Elles s'appliquent à tous les verbes.

II. Il n'y a pas de verbes auxiliaires.

III. Les verbes passifs ou réfléchis n'existent pas en créole.

IV. Les verbes irréguliers se réduisent à deux ou trois, d'une irrégularité très limitée.

En créole, comme dans certaines langues plus relevées, l'infinitif devient volontiers un substantif et en suit les règles. Exemple conforme à la règle I du substantif : *maré-tèt wom*, la manière de s'attacher la tête des hommes (littéralement : l'attacher tête des hommes).

Les verbes créoles se divisent en deux catégories bien tranchées : les verbes transitifs et les verbes intransitifs. Ces deux catégories forment les deux conjugaisons.

Nous désignons sous le nom de verbes transitifs les verbes dont l'action implique une période de temps parfaitement limitée, une période qui commence et qui doit finir nécessairement au bout d'un délai variable. Ainsi, *je bois, je mange*.

On appelle verbes intransitifs les verbes exprimant un état vague, dont la durée n'a rien de limité, comme *je préfère, je crois*.

Cette division des verbes créoles est celle qui paraît la plus exacte. Mais la limite n'en est pas tellement tranchée qu'il ne puisse y avoir quelquefois difficulté à la déterminer. L'usage seul est un guide sûr pour y arriver.

Nous donnerons également un modèle de la conjugaison négative, car elle offre une légère différence avec celle du verbe au positif. Le futur du verbe conjugué négativement est identique au présent de l'indicatif. Il en est de même dans l'arabe, au positif et au négatif. Peut-être cette analogie s'étend-elle aussi à quelque idiome africain, où le créole l'aurait puisée.

TABLEAU DES DEUX CONJUGAISONS

CONJUGAISON POSITIVE

1ʳᵉ Conjugaison. — Verbes transitifs.

BRIGA, SE BATTRE

INDICATIF PRÉSENT

Mo	ka-briga,	Je me bats.
To U Twè	} ka-briga,	{ Tu te bats. Vous vous battez.
Li	ka-briga,	Il se bat.
Nu	ka-briga,	Nous nous battons.
Zot	ka-briga,	Vous vous battez.
Yé	ka-briga,	Ils se battent.

IMPARFAIT

Mo	téka-briga,	Je me battais.
To U	} téka-briga,	{ Tu te battais. Vous vous battiez.
Li	téka-briga,	Il se battait.
Nu	téka-briga.	Nous nous battions.
Zot	téka-briga,	Vous vous battiez.
Yé	téka-briga,	Ils se battaient.

PARFAIT

Mo briga, Je me battis *ou* je me suis battu.
To briga, Tu te battis *ou* tu t'es battu.
Li briga, Il se battit *ou* il s'est battu.
Nu briga, Nous nous battîmes *ou* nous nous sommes battus.
Zot briga, Vous vous battîtes *ou* vous vous êtes battus.
Yé briga, Ils se battirent *ou* ils se sont battus.

ÉTUDE SUR LA GRAMMAIRE

PLUS-QUE-PARFAIT

Mo té-briga, Je m'étais battu.
To té-briga, Tu t'étais battu.
Li té-briga, Il s'était battu.
Nu té-briga, Nous nous étions battus.
Zot té-briga, Vous vous étiez battus.
Yé té-briga, Ils s'étaient battus.

FUTUR PRÉSENT

Mo wa-briga, Je me battrai.
To wa-briga, Tu te battras.
Li wa-briga, Il se battra.
Nu wa-briga, Nous nous battrons
Zot wa-briga, Vous vous battrez.
Yé wa-briga, Ils se battront.

FUTUR PASSÉ

Mo wa-briga-kaba, Je me serai battu.
To wa-briga-kaba, Tu te seras battu.
Li wa-briga-kaba, Il se sera battu.
Nu wa-briga-kaba, Nous nous serons battus.
Zot wa-briga-kaba, Vous vous serez battus.
Yé wa-briga-kaba, Ils se seront battus.

CONDITIONNEL PRÉSENT

Mo téwa-briga, Je me battrais.
To téwa-briga, Tu te battrais.
Li téwa-briga, Il se battrait.
Nu téwa-briga, Nous nous battrions.
Zot téwa-briga, Vous vous battriez.
Yé tewa-briga, Ils se battraient.

CONDITIONNEL PASSÉ

Mo téwa-briga-kaba, Je me serais battu.

To téwa-briga-kaba,	Tu te serais battu.
Li téwa-briga-kaba,	Il se serait battu.
Nu téwa-briga-kaba,	Nous nous serions battus.
Zot téwa-briga-kaba,	Vous vous seriez battus.
Yé téwa-briga-kaba,	Ils se seraient battus.

Observation.— En réalité, le mot *kaba* (déjà) n'est pas une particule conjugative, mais un adverbe de temps. Toutes les fois que le sens est clair sans lui, il est inutile d'en faire usage. Il s'ensuit que, par le fait, le futur et le conditionnel passés sont identiques au futur et au conditionnel présents.

IMPÉRATIF

Briga,	Bas-toi.
Li briga,	Qu'il se batte.
Annu-briga,	Battons-nous.
Zot briga,	Battez-vous.
Yé briga,	Qu'ils se battent.

PARTICIPE PRÉSENT

Ka-briga,	Se battant.

(Exemple : je l'ai vu se battant avec ses bœufs, *mo wè-li ka-briga ké so béf.*)

INFINITIF PRÉSENT

Briga,	Se battre.

INFINITIF PASSÉ (rare)

Té-briga,	S'être battu.

2ᵉ conjugaison. — Verbes intransitifs.

KRÈ, CROIRE

INDICATIF PRÉSENT

Mo krè, Je crois.

To }
U   } krè. { Tu crois.
Twè }   { Vous croyez.

Li krè, Il croit.
Nu krè, Nous croyons,
Zot krè, Vous croyez.
Yé krè, Ils croient.

IMPARFAIT

Mo té-krè, Je croyais.

To }   { Tu croyais.
U } té-krè,   { Vous croyiez.

Li té-krè, Il croyait.
Nu té-krè, Nous croyions.
Zot té-krè, Vous croyiez.
Yé té-krè, Ils croyaient.

PARFAIT

Mo krè *ou* mo té-krè,   Je crus *ou* j'ai cru.
To krè *ou* to té-krè,   Tu crus *ou* il a cru.
Li krè *ou* li té-krè,   Il crut *ou* il a cru.
Nu krè *ou* nu té-krè,   Nous crûmes *ou* nous avons cru.
Zot krè *ou* zot té-krè, Vous crûtes *ou* vous avez cru.
Yé krè *ou* yé té-krè,   Ils crurent *ou* ils ont cru.

Observation.— A vrai dire, le parfait n'existe pas dans la 2ᵉ conjugaison. On emploie l'imparfait et quelquefois le présent de l'indicatif pour l'exprimer, selon que le sens s'y prête.

PLUS-QUE-PARFAIT

Mo té-krè,	J'avais cru.
To té-krè,	Tu avais cru.
Li té-krè,	Il avait cru.
Nu té-krè,	Nous avions cru.
Zot té-krè,	Vous aviez cru.
Yé té-krè,	Ils avaient cru.

FUTUR PRÉSENT

Mo wa-krè,	Je croirai.
To wá-krè,	Tu croiras.
Li wa-krè,	Il croira.
Nu wa-krè,	Nous croirons.
Zot wa-krè,	Vous croirez.
Yé wa-krè,	Ils croiront.

FUTUR PASSÉ

Ce temps manque à la 2ᵉ conjugaison, et c'est aisé à expliquer. L'action du verbe intransitif n'est pas limitée. Or, le futur passé annonce que cette action sera terminée à une époque désignée.

CONDITIONNEL PRÉSENT

Mo téwa-krè,	Je croirais.
To téwa-krè,	Tu croirais.
Li téwa-krè,	Il croirait.
Nu téwa-krè,	Nous croirions.
Zot téwa-krè,	Vous croiriez.
Yé téwa-krè,	Ils croiraient.

CONDITIONNEL PASSÉ

Mo téwa-krè,	J'aurais cru.
To téwa-krè,	Tu aurais cru.
Li téwa-krè,	Il aurait cru.
Nu téwa-krè,	Nous aurions cru.
Zot téwa-krè,	Vous auriez cru.
Yé téwa-krè,	Ils auraient cru.

IMPÉRATIF

Krè,	Crois.
Li krè,	Qu'il croie.
Annu-krè,	Croyons.
Zot krè,	Croyez.
Yé krè,	Qu'ils croient.

PARTICIPE PRÉSENT *(manque)*

INFINITIF PRÉSENT

Krè,   Croire.

INFINITIF PASSÉ *(rare)*

Té-krè,   Avoir cru.

Les temps du subjonctif et le participe passé manquent en créole. L'usage apprend à les remplacer par les autres temps d'une manière suffisamment claire pour le sens.

A première vue, l'infinitif passé paraît manquer; mais en lisant récemment le compte en vers *Nèg, Engyen ké Blang*, j'en ai constaté l'existence d'une manière positive, au vers 39, *fodrèt* TÈ-WÈ, il faudrait *avoir vu*

Ainsi que nous l'avons dit plus haut, la limite qui sépare les deux catégories de verbes créoles n'est pas toujours nettement perceptible. Ainsi, un verbe intransitif de sa nature, comme le verbe *krè*, peut prendre parfois la forme et le sens transitifs. Exemple : il trouve des gens acceptant ses mensonges, *li ka-truvé mun* KA-KRÈ *so mantò*.

ÉTUDE SUR LA GRAMMAIRE

CONJUGAISON NÉGATIVE

1re conjugaison. — Verbes transitifs.

INDICATIF PRÉSENT

Mo pa ka *ou* mo p'ka-briga,   Je ne me bats pas.
To pa ka *ou* to p'ka briga,   Tu ne te bats pas.
Li pa ka *ou* li p'ka briga,   Il ne se bat pas.
Nu pa ka *ou* nu p'ka briga,   Nous ne nous battons pas.
Zot pa ka *ou* zot p'ka briga,   Vous ne vous battez pas.
Yé pa ka *ou* yé p'ka briga,   Ils ne se battent pas.

IMPARFAIT

Mo tépa-ka *ou* mo tép'ka-briga, Je ne me battais pas.
To tépa-ka *ou* to tép'ka-briga, Tu ne te battais pas.
Li tépa-ka *ou* li tép'ka-briga, Il ne se battait pas.
Nu tépa-ka *ou* nu tép'ka-briga, Nous ne nous battions pas.
Zot tépa-ka *ou* zot tép'ka-briga, Vous ne vous battiez pas.
Yé tépa-ka *ou* yé tép'ka-briga, Ils ne se battaient pas.

PARFAIT

Mo pa-briga,   Je ne me suis pas battu *ou* je ne me battis point.
To pa-briga,   Tu ne t'es pas battu *ou* tu ne te battis point.
Li pa-briga,   Il ne s'est pas battu *ou* il ne se battit point.
Nu pa-briga,   Nous ne nous sommes pas battus *ou* nous ne nous battîmes point.
Zot pa-briga,   Vous ne vous êtes pas battus *ou* vous ne vous battîtes point.
Yé pa-briga,   Ils ne se sont pas battus *ou* ils ne se battirent point.

PLUS-QUE-PARFAIT

Mo tépa-briga,   Je ne m'étais pas battu.
To tépa-briga,   Tu ne t'étais pas battu.

Li tépa-briga,	Il ne s'était pas battu.
Nu tépa-briga,	Nous ne nous étions pas battus.
Zot tépa-briga,	Vous ne vous étiez pas battus.
Yé tépa-briga,	Ils ne s'étaient pas battus.

FUTUR PRÉSENT ET PASSÉ

Remarque. — La différence est sensible entre le futur positif et le futur négatif.

Mo p'ka-briga,	Je ne me battrais pas.
To p'ka-briga,	Tu ne te battrais pas.
Li p'ka-briga,	Il ne se battrait pas.
Nu p'ka-briga,	Nous ne nous battrons pas.
Zot p'ka-briga,	Vous ne vous battrez pas.
Yé p'ka-briga,	Ils ne se battront pas.

CONDITIONNEL

Mo pa téwa *ou* mo tép'ka-briga,	Je ne me battrai pas.
To pa téwa *ou* to tép'kra-briga,	Tu ne te battras pas.
Li pa téwa *ou* li tép'kra-briga,	Il ne se battra pas.
Nu pa téwa *ou* nu tép'kra-briga,	Nous ne nous battrions pas.
Zot pa téwa *ou* zot tép'ka-briga,	Vous ne vous battriez pas
Yé pa téwa *où* yé tép'ka-briga,	Ils ne se battraient pas.

IMPÉRATIF

Remarque. — La 2e personne au pluriel et la 3e personne au singulier et au pluriel manquent à l'impératif négatif. On les exprime par des périphrases. Exemple : ne nous battons pas, *fo pa nu briga*.

Pa briga,	Ne te bats pas.

Les autres temps manquent à la conjugaison négative.

CONJUGAISON NÉGATIVE

2ᵉ conjugaison. — Verbes intransitifs.

INDICATIF PRÉSENT

Mo pa krè,	Je ne crois pas,
To pa krè,	Tu ne crois pas.
Li pa krè,	Il ne croit pas.
Nu pa krè,	Nous ne croyons pas.
Zot pa krè,	Vous ne croyez pas.
Yé pa krè,	Ils ne croient pas.

IMPARFAIT

Mo pa té-krè *ou* mo tépa-krè,	Je ne croyais pas.
To pa té-krè *ou* to tépa-krè,	Tu ne croyais pas.
Li pa té-krè *ou* li tépa-krè,	Il ne croyait pas.
Nu pa té-krè *ou* nu tépa-krè,	Nous ne croyions pas.
Zot pa té-krè *ou* zot tépa-krè,	Vous ne croyiez pas.
Yé pa-krè *ou* yé tépa-krè.	Ils ne croyaient pas.

PARFAIT

Mo pa-krè,	Je n'ai pas cru *ou* je ne crus pas.
To pa-krè,	Tu n'as pas cru *ou* tu ne crus pas.
Li pa-krè,	Il n'a pas cru *ou* il ne crut pas.
Nu pa-krè,	Nous n'avons pas cru *ou* nous ne crûmes pas.
Zot pa-krè,	Vous n'avez pas cru *ou* vous ne crûtes pas.
Yé pa-krè,	Ils n'ont pas cru *ou* ils ne crurent pas.

PLUS-QUE-PARFAIT

Mo tépa-krè, *ou* mo pa-té-krè	Je n'avais pas cru.
To tépa-krè *ou* to pa-té-krè,	Tu n'avais pas cru.
Li tépa-krè *ou* li pa-té-krè,	Il n'avait pas cru.
Nu tépa-krè *ou* nu pa-té-krè,	Nous n'avons pas cru.
Zot tépa-krè *ou* zot pa-té-krè,	Vous n'avez pas cru.
Yé tépa-krè *ou* yé pa-té-krè,	Ils n'ont pas cru.

FUTUR PRÉSENT ET PASSÉ

Mo p'ka-krè,	Je ne croirai pas.
To p'ka-krè,	Tu ne croiras pas.
Li p'ka-krè,	Il ne croira pas.
Nu p'ka-krè,	Nous ne croirons pas.
Zot p'ka-krè,	Vous ne croirez pas.
Yé p'ka-krè,	Ils ne croiront pas.

CONDITIONNEL

Mo tép'ka-krè,	Je ne croirais pas.
To tép'ka-krè,	Tu ne croirais pas.
Li tép'ka-krè,	Il ne croirait pas.
Nu tép'ka-krè,	Nous ne croirions pas.
Zot tép'ka-krè,	Vous ne croiriez pas.
Yé tép'ka-krè,	Ils ne croiraient pas.

IMPÉRATIF

Pa-krè,	Ne crois pas.

VERBE ÊTRE

Le verbe *être*, rentrant dans la catégorie des intransitifs, suit la seconde conjugaison. Il s'exprime par le mot *sa*.

Règle I. — Le verbe *être* n'a jamais pour complément qu'un substantif, un pronom ou un adjectif pris substantivement. Exemple : vous êtes soldat, *u* sa *soda ;* le plus sage est moi, *pi saj la* sa *mo*.

Règle II. — Toutes les fois que le verbe *être* a pour complément, en français, un adjectif ou un adverbe, en créole il disparait, s'absorbe dans son complément, et ce dernier, devenu un verbe de la seconde catégorie, se conjugue sur la seconde conjugaison. Exemples divers :

Je suis *malade*, je serais *plus mal* si j'avais fait quelque chose ; *mo* MALAD, *mo* TÉWA-PIMAL *si mo té-fè kichoz*. Ici, *mo malad* est l'indicatif présent du verbe *être malade (œgroto* en latin), et *mo téwa-pimal* est le conditionnel du verbe *être plus mal*.

Je serai content, *mo* WA-KONTAN (futur d'*être content)*.

La peau blanche doit *être jolie, lapo blan divet* JOLI. Dans ce dernier exemple, *joli* est tout simplement un infinitif présent. C'est bizarre, mais c'est de la dernière évidence.

En employant le pronom démonstratif *sa* à la place du personnel *li*, on conjugue le verbe *être* impersonnellement : *c'est, c'était*, etc. Alors il est toujours absorbé, quelle que soit la nature du complément, adjectif, pronom, substantif. Exemple : c'était lui, *sa té-li;* ce serait l'homme, *sa téwawom-la;* ce ne serait pas mal, *sa tép'ka-mal*.

Il résulte de ceci une conséquence assez remarquable : c'est que les deux expressions *était, étaient*, d'une part, et *c'était, c'étaient*, de l'autre, se rendent par des mots identiques, mais intervertis. Exemple :

1º Ton père et ta mère étaient nègres, *to papa ké to maman* TÉ-SA *nèg* ;

2º Ton père et ta mère ?... c'étaient des nègres, *to papa ké to maman ?...* SA TÉ-*nèg*.

Dans le premier exemple, *té-sa* est le verbe *être* à l'imparfait ; dans le second, *sa* est un pronom démonstratif et *té-nèg* est le verbe *être nègre* à l'imparfait.

La raison qui s'oppose à ce que le complément substantif ne subisse pas la même loi que l'adjectif ou l'adverbe, c'est que le pronom personnel étant identique, sauf à la 3º personne, avec l'adjectif possessif, on ne pourrait distinguer entre *mon esclave*, par exemple, et *je suis esclave. Mo katib* ayant le sens de *mon esclave*, on est forcé de dire *mo* SA *katib* pour *je suis esclave*. A la rigueur, la même raison n'existerait pas pour l'imparfait et les autres temps ; mais, comme l'ordre logique se fait en tout instinctivement, la règle s'est étendue à tous les temps du verbe.

Ceci est tellement la vraie raison, que les exceptions se sont glissées dans le langage là où le motif de la règle n'existait pas. Ainsi, dans le verbe impersonnel et à la 3º personne du singulier du verbe personnel, la confusion est impossible. En effet, *li* pronom personnel est complétement différent de *so* adjectif possessif. Aussi les nègres disent encore : *li witò, li nèvè;* il *est* huit heures, il est neuf heures. Dans ces formules, les mots *huit heures, neuf heures,* composés de deux mots contractés en un seul substantif, sont pris comme verbes. Il en est de même des autres noms d'heures. C'est comme si l'on disait *il huitheurise, il neuvheurise,* expressions analogues à *il pleut, il vente.*

Le verbe se conjugue interrogativement en le faisant simplement précéder de la partie interrogative *ès,* qui correspond au mot latin *num.* Ce mot vient évidemment du français *est-ce que;* il en a la signification, mais n'en est pas la traduction littérale, qui serait impossible avec les éléments du patois des nègres.

Il est indispensable d'observer que le créole est un langage qui n'est pas encore formé ; de sorte que les temps de ses verbes n'ont pas la précision rigoureuse des conjugaisons françaises. Toutes les fois que le sens est clair on doit être satisfait, qu'on l'ait exprimé avec un indicatif, un futur ou un conditionnel. Le temps et les monuments littéraires peuvent seuls donner à un idiome la régularité et la fixité qui sont nécessaires pour exprimer la pensée avec une exactitude parfaite.

VERBES IMPERSONNELS

Les verbes impersonnels sont moins nombreux en créole qu'en français. Généralement, ces verbes deviennent personnels en passant du français en créole. *Il tonne, il pleut, il vente* se traduisent : le tonnerre gronde, la pluie tombe, le vent souffle ; *tonè ka-grondé, lapli ka-tombé, van ka-suflé*. On dit toutefois : *il fait chaud, il fait froid*, comme en français : *li ka-fè cho, li ka-fè frè*.

Le verbe passif n'existant pas, on le remplace par l'actif, au moyen du pronom indéfini *yé*, signifiant *on*. Exemple : je suis tourmenté, *yé ka-trumanté mo*.

VERBES RÉFLÉCHIS

Le verbe réfléchi n'existe pas en créole. On y supplée d'une seule manière : en remplaçant le pronom complément par les mots *mo kò*, mon corps, ma personne. Exemple : je me soigne moi-même, *mo ka-swen mo kò mo mèm*.

Il faut se garder d'employer *mo mèm* seul pour *mo kò*. Car *mo ka-swen mo mèm* signifie : je soigne moi-même, et non : je me soigne.

VERBES IRRÉGULIERS

Il y a des verbes irréguliers même en créole, même avec cette conjugaison si rudimentaire et si maniable de préfixes conjugatives. Mais ils sont peu nombreux. Ce sont : 1° le verbe *wlé*, vouloir, qui fait au subjonctif *mo té-vudré*, pour *mo téwa-wlé*; 2° le verbe impersonnel *fo*, il faut, qui est en même temps défectueux. C'est le plus irrégulier des verbes créoles. Dans presque tous les temps il se conjugue sans pronoms. Cependant, après *si*, on emploie toujours le pronom. Exemple : s'il faut, s'il fallait; *si li fo*, *si li té-falé*. Indicatif présent, *fo*; au négatif, *fopa*. Imparfait, *falé* ou *li té-falé*; au négatif, *falépa* ou *tépa-falé*. Parfait, manque. Futur, *fodra*; au négatif, *fodrapa*. Futur passé, manque. Conditionnel, *fodré*, *fodrèt* ou *li té-fodré*; au négatif, *fodrépa*. Les autres temps n'existent pas. 3° Le verbe impersonnel *li gagnen*, il y a, qui fait au présent de l'indicatif négatif *gnampwen*, pour *li pa-gagnen*.

A la troisième personne du présent de l'indicatif et du parfait, le verbe *di*, dire, se met quelquefois en forme d'incidence, comme dans cette phrase française : demain, dit-il, je viendrai vous voir.

Dans ce cas, le verbe *di* est irrégulier; *li ka-di* et *li di* se changent en *diti*. Exemple : *dimen, diti, m'a vin' wè-u*.

Observation au sujet du mot *que* placé après les verbes. — En créole comme en latin, on retranche le *que*, et non seulement le *que* conjonction, mais,

comme nous l'avons vu, le *que* relatif. Exemple :
je crois qu'il vient, *mo krè li ka-vini*. Néanmoins,
dans des cas assez rares et uniquement dans le but
de donner de la clarté au langage, on emploie le
que par imitation du français. Mais les nègres ne
pouvant prononcer l'*e* muet, disent *ki*. Ces libertés
sont naturelles et même nécessaires dans les langues non encore fixées.

Généralement, après le verbe *di*, dire, on emploie le mot *konsa*, qui peut être considéré, dans
certains cas, comme l'équivalent de *que*. Mais l'emploi n'en est pas de rigueur, et même on doit
l'éviter avant *oui* et *non*. Exemple : je lui ai dit
qu'il devait venir nous voir, il m'a dit *que* oui ; *mo
di li konsa li té-diret vini wè nu, li di mo wi.*

Du participe

Le participe présent, ou gérondif, le seul qui
existe en créole, n'a en créole aucune propriété
autre que celles de l'adjectif, si ce n'est d'exprimer
l'idée de temps présent. Ainsi, *ka-manti*, mentant,
exprime la même idée que *mantò*, menteur, sauf
la nuance du temps.

Quant au participe passé, les mots qui semblent
le représenter en créole ne sont que des adjectifs
verbaux qui expriment une action subie antérieurement, mais qui ne sauraient être employés

comme participe à la conjugaison d'un verbe passif.

De l'adverbe

L'adverbe est un mot qui joue auprès du verbe, et quelquefois auprès de l'adjectif, un rôle analogue à celui de l'adjectif auprès du substantif. Dans le créole de Cayenne, un grand nombre de mots s'emploient tantôt comme adverbes, tantôt comme adjectifs, selon les besoins de la phrase. On est donc obligé de les classer à la fois dans chacune de ces deux parties du discours. C'est une conséquence de l'invariabilité de l'adjectif créole.

On classe d'ordinaire parmi les adverbes les mots *oui* et *non*. Si la présente notice ne devait pas être concise et uniquement consacrée au patois nègre, j'aurais saisi cette occasion pour démontrer que ces mots composent, avec le mot *si*, une véritable partie du discours. Mais ce n'en est pas le moment.

La plupart des adverbes créoles sont identiques aux adverbes français, et se forment généralement aussi en ajoutant *man* à l'adjectif dont ils dérivent. Ils sont tantôt simples, tantôt composés, et très fréquemment des adverbes français composés, ou même de véritables phrases adverbiales employées en créole avec leur forme primitive, ne pouvant s'écrire qu'en un seul mot, attendu que leurs éléments séparés n'auraient plus en créole la forme et le sens qu'ils ont en français. Exemple : *konsa* signifiant *ainsi*, vient évidemment de *comme cela*. Or, en créole, *comme cela* se dirait *ku sa*. De même *ès*, avant une interrogation, vient de *est-ce que*. Or, en créole, *que* se retranche d'habitude et ne s'emploie, dans des cas fort rares, que sous la forme de *ki*. D'autre part, *est* et *ce* se traduisant l'un et l'autre par *sa*, on aurait *sa sa ki* pour *est-ce que*, expression qui ferait amphibologie avec *c'est cela qui*. *C'est que* est dans le même cas : on dit *sèk* adverbe pour *c'est que*.

Par contre, les adverbes les plus employés en français n'ont parfois pas d'équivalents simples en créole. Ainsi, *ailleurs* se traduit par *là un' ot koté*, et *davantage* par *pi-boku*.

Mieux se rend également par *pi-byen* au *pi-ben;* mais *tant mieux* ne fait qu'un mot et se dit *tammyé*.

L'adverbe *pis* s'exprime par *pi-mal*, et *tant pis* par *tampi*.

Le comparatif et le superlatif se forment, pour l'adverbe créole, de la même manière que pour l'adjectif.

Remarque sur l'adverbe *trop*. — Cet adverbe, qui s'exprime en créole par le même mot qu'en français, a deux formes. On le place soit avant, soit après le mot qu'il modifie ou détermine.

Dans le premier cas, il subit une élision et perd *toujours* sa dernière lettre. Exemple : il est trop noir, *li tro' nwè*.

Dans le second cas, il ne subit jamais l'élision et conserve le *p*, que l'on fait sentir dans la prononciation. Exemple : il est trop noir, *li nwè trop*.

De la préposition

Les prépositions forment une partie du discours qui a une importance capitale en créole, bien que le nombre et la valeur de ces particules n'y aient pas encore atteint le degré de perfection indispensable à la précision et à la clarté, dans un langage essentiellement particulaire et ennemi de la variation désinentielle. Tout l'avenir de cet idiome, s'il a un avenir, est dans un bon système d'adverbes et de prépositions; car ces deux particules se confondent souvent. Parfois l'adverbe n'est qu'une préposition à complément sous-entendu. Exemple : voilà la table; mettez la nappe *dessus*. *Mé tab-la; mété nap-la* LASU. Il est évident ici que *dessus* signifie *sur elle*. En créole l'analogie est encore plus évidente, *lasu* signifiant aussi bien *sur* que *dessus*. D'autres fois, le même mot devient préposition ou reste adverbe, selon qu'on lui donne un complément ou qu'on l'emploie seul.

Avec le temps, et si la nécessité d'exprimer des pensées plus complexes et plus claires ne les poussent pas à employer le français, de préférence au créole, les nègres seront forcés d'augmenter et de perfectionner beaucoup leurs prépositions.

Voici quelques-unes des plus usitées actuellement. Elles sont mises dans l'ordre alphabétique.

Alantu, autour de. *An*, en; ne s'emploie que pour exprimer la matière d'une chose : *an bwa*, en bois. *Amba*, sous. *Avan*, avant. *Bay*, à; mais seulement quand *à* est l'expression de la dation, de la transmission. *Déyè*, derrière ; *dipi*, depuis, dès, à dater de. *Divan*, devant. *Juk*, jusqu'à.

Ké, avec. Cette préposition remplace *toujours* la copulative française *et*, quand cette dernière peut être remplacée par *avec* sans que le sens de la phrase soit altéré.

Là, chez. Ce mot prend un accent orthographique pour le distinguer de l'article *la*. Il signifie, en outre, *dans* ou *à*, lorsque *à* exprime la situation ou l'acheminement vers un lieu. Exemple : il dort *dans* sa chambre, *li ka-dromi* LA *so chamb*; il va *à* la campagne, *li k'alé* LA *bitachon*. Néanmoins, devant les noms propres, il se supprime quelquefois. Exemple : allez-vous à Cayenne?... *Es u k'alé Kayenn?...*

Lamitan, au milieu de, parmi. *Landan*, dans. *Lasu*, sur. *Magré*, malgré. *Mé*, voici, voilà ; me voici : *mé mo*. *Pandan*, pendant, durant. *Palasu*, au-dessus de, par-dessus. *Proch, koté, òbò*, près de. *Pu*, pour. *San*, sans. *Silon*, selon. *Vizavi*, vis-à-vis. *Wéti?...* où est? où sont?

De la conjonction

Les conjonctions ne forment pas, comme les interjections, une des richesses du langage des noirs de Cayenne. Ces mots sont peu nombreux. On en connait les fonctions, qui sont les mêmes dans tous les idiomes. Je ferai observer ici qu'avec un langage si peu maniable, aussi pauvre que le créole, le besoin de clarté est ce qui domine dans l'emploi des mots. C'est, du reste, comme l'a fort bien dit M. Scipio du Roure, le premier effort des langues qui naissent : elles visent d'abord à la clarté, puis à la concision, ensuite à l'élégance et enfin à l'harmonie. Aussi le nègre, entraîné par cet instinct, coupe-t-il ses phrases par tronçons très courts, séparés par des repos absolus. De là peu de conjonctions. L'époque du discours à périodes de longue haleine n'est pas encore venue pour le créole.

Les plus usitées des conjonctions créoles sont les suivantes :

Ké, qui s'emploie pour *et* toutes les fois que cette copulative signifie *avec*, *en société de*, et uniquement dans ce cas.

Épi, ou simplement *é*, qui remplace la précédente conjonction dans les autres acceptions de *et*.

Atò, qui signifie *alors*, mais toujours avec la valeur conjonctive et non comme adverbe de temps. Dans ce dernier cas, *alors* se traduirait par *lò* ou *alò*.

Ku s'emploie pour *comme*. Exemple : comme je sortais, *ku mo téka-soti*.

Dabò, d'abord, puisque ; *pis*, puisque ; *putan*, pourtant ; *don*, donc ; *uben*, ou, ou bien ; *purvik*, pourvu que ; *sinon*, sinon ; *si*, si.

De l'interjection

L'interjection est la plus riche et la plus séduisante partie de ce langage, si pauvre sous d'autres rapports. Plusieurs motifs ont contribué à amener ce résultat. C'est d'abord l'indolence naturelle aux populations équatoriales qui les poussent à exprimer leurs sensations ou leurs sentiments par de simples exclamations, ayant la valeur d'une phrase entière. C'est ensuite la difficulté de nuancer les impressions au moyen des éléments si pauvres du discours, difficulté à laquelle on échappe en ayant une interjection pour chaque nuance. C'est enfin le génie spécial des nègres des colonies, qui aiment le sous-entendu et qui cherchent toujours à faire deviner une malice derrière un mot, un geste ou un regard.

Rien n'est curieux et rien n'est difficile à surprendre, pour un Européen, comme certaines conversations entre des noirs qui ne veulent pas être compris des blancs en présence de qui ils se trouvent. On saisit çà et là un clin-d'œil, un geste, un petit mot étouffé, et, au moment où l'on s'y attend le moins, l'un des acteurs, au nom de tous, vous propose ou vous annonce quelque chose. Ou bien encore, le groupe se met tout à coup à rire, sans qu'on sache pourquoi. Il faut le reconnaître, hélas, les trois quarts du temps, le blanc étonné est lui-même la cause de ce rire. Un des nègres a laissé échapper, bien bas, un mot, un seul mot, presque toujours une exclamation. Mais ce mot contient toute une satire contre le fils de Japhet.

Malheureusement pour celui qui veut écrire en créole, la nuance de l'interjection est autant dans l'intonation des mots, souvent identiques, que dans la différence des expressions employées. Ceci est poussé à un tel degré de raffinement, qu'il existe trois mots du dialecte guyanais signifiant *oui*, *non* et *peu importe*, c'est-à-dire toutes les solutions qu'on puisse donner à une question, et entre lesquels une oreille européenne est incapable de saisir une différence lorsque les nègres les prononcent négligemment, du gosier ou sans ouvrir la bouche, comme ils le font souvent. Ces mots sont : *enhen*, oui ; *hen-hen*, non, et *ohóo*, peu importe. (41)

L'exclamation fondamentale du créole de Cayenne c'est : *mo manman!* ma mère! ou bien encore, quand on veut y mettre plus d'énergie : *mo manman ki fè mo lasu latè!... ki fè mo là pèi blang!* Ma mère qui m'avez mis au monde!... ma mère qui m'avez mis au monde au pays des blancs! Cette exclamation exprime généralement toute espèce d'étonnement, de difficulté ou d'embarras. Nous allons en donner quelques autres, et, comme la signification a besoin d'en être bien précisée, nous les expliquerons avec quelque détail.

Ago, pardon. Terme d'excuse.

Ay!... ou *way!...* exprime la douleur, le regret modéré, sert à traduire les mots *hélas!* ou *ah!* du français.

Ayayay!... ou *wayayay!...* exclamation de douleur violente.

Ayô!... Admiration d'un objet petit, mignon et d'une grande perfection de détails.

Awa!... bah! laissez donc, c'est absurde!.. comment peut-on admettre cela!

En?... plait-il?

Eti!... Mot que l'on emploie pour répondre quand on s'entend appeler de loin.

Fweng!... Exclamation de menace : *fweng!...* mo koke:s!... attends, gredin!

Ha!... Etonnement badin et familier.

Hen!... (l'*h* bien accentuée). Etonnement mêlé d'un grain d'indignation : est-ce possible!... qui l'aurait cru!... j'en suis confondu!

Jamen!... Sorte de serment : je vous le jure!... le ciel m'en est témoin.

Kiséti!... Regret, résignation : hélas! c'est en pure perte!

Manfu!... je m'en moque!... (Cette expression est assez malséante.)

O, signe du vocatif, se place *toujours* après le nom.

Exemple : ô homme! *wom-ô!*

Uy!... uyuyuy!... bigre!... diable!... je ne m'attendais pas à cela ; que va-t-il arriver!...

Wi, mis devant le mot *wom*, homme, signifie vraiment, je vous l'affirme!

Wiwa!... ouais!... vraiment!... vous me la baillez belle.

Observation. — En créole, la politesse exige, pour la plupart des interjections, que l'on mette le nom de la personne à qui on s'adresse après cette interjection. Exemple : plait-il, ma mère? *en manman?...* je vous le jure, mon cher; *jamen, mo chè.*

IV

CONSIDÉRATIONS GÉNÉRALES

Ainsi qu'on a pu en juger en lisant cette notice, le langage créole est un idiome en voie de formation. Il est même assez rapproché de son origine, et, comme ses progrès ont été lents à cause des idées et des besoins extrêmement restreints des populations ignorantes qui s'en servent, il n'offre que des ressources complétement insuffisantes à l'expression de la pensée. Les idées nobles et surtout les idées abstraites s'y formulent très difficilement. Les nuances du langage, lorsqu'elles sont un peu délicates ou subtiles, sont presque impossible à faire ressortir. Enfin, l'absence absolue du verbe passif, ainsi que du mode optatif ou subjonctif, y produit une gêne extrême quand il s'agit de traduire du français en créole. Ainsi j'ai parfois essayé de traduire le *Pater* en créole. Dès la deuxième phrase : « Que votre nom soit sanctifié, » j'étais arrêté. Il est impossible d'être littéral en formulant cette pensée; on ne peut s'en tirer qu'en disant : « Faites que nous sanctifions votre nom. » *Fè nu sanktifyé u non.* Je n'ignore pas que les nègres prient en disant : *vot' nom souet sanctifié*; mais c'est du français mal prononcé, ce n'est pas du créole.

Ces entraves font du créole un langage extrêmement pauvre.

En revanche, comme c'est le propre des langues qui naissent d'être naïves; comme, d'autre part, le nègre est essentiellement enfantin et jovial, le patois créole abonde en expressions gaies, en proverbes, en métaphores qui cachent presque toujours une malice. Il présente en outre fréquemment des ellipses tellement fortes, qu'il faut les expliquer pour les traduire. Ainsi la phrase suivante : *li tég'en un buch!... grémési zoré*, se rendrait mot à mot par celle-ci : elle avait une bouche!..... merci les oreilles. Mais elle signifie : sa bouche était si grande qu'on pouvait remercier ses oreilles d'être là, pour en arrêter les deux côtés quand elle riait. Autre exemple : *si u té-wèso nen!... bek jako*

— *mantò*. Littéralement : si vous aviez vu son nez!... bec de perroquet a menti. Sens complet : si vous aviez vu quel nez elle avait!... c'est à ce point que le bec du perroquet a menti s'il se dit plus crochu.

Chose remarquable! les nuances, qui font défaut en créole dans les éléments de phrase, sont beaucoup plus marquées dans les interjections créoles que dans les françaises. Ainsi, pour n'en citer qu'un exemple, l'exclamation admirative *ayò!*... est tellement précise dans sa signification et implique tellement l'idée d'une délicate et mignonne perfection, que si quelqu'un l'employait en admirant un objet monumental et grandiose, il ferait infailliblement rire ses auditeurs nègres.

Il serait peut-être nécessaire de parler ici des idiotismes créoles. Le temps et l'espace nous manquent pour entrer dans de grands détails à ce sujet. Qu'il nous suffise d'en signaler deux d'un usage très fréquent.

1º Pour exprimer l'abondance, l'énergie, l'excès, comme dans les phrases suivantes : « il versait des torrents de larmes, — il se sauva à toutes jambes, » les nègres emploient la tournure suivante : c'est deux pleurer qu'il pleurait!... c'est deux sauver qu'il se sauva!... *sa dé krié li téka-krié!... sa dé kuri li pran kuri!*

2º Quand ils donnent l'explication d'un fait ou qu'ils répondent à une question, ils redoublent presque toujours le verbe, comme dans l'exemple suivant : « pourquoi cet enfant pleure-t-il?... c'est qu'on le baigne. » *Pa kisa piti mun la ka-krié?... sa lavé yé ka-lavé li.* Littéralement : c'est baigner qu'on le baigne.

Une observation qu'il est indispensable de faire, c'est que le dialecte des anciens esclaves, comme tout ce qui se réorganise avec les débris d'une chose qui se corrompt, entraîne avec lui dans ses débuts quelques parcelles de cette corruption. Il est mélangé de mots, ou plutôt de membres de phrases françaises, qui sont, à la vérité, comprises de ceux qui s'en servent; mais ne sont pas logiquement analysables, en les comparant à l'ensemble du langage. C'est tout simplement du français corrompu. Un idiome ne se trouve pas subitement parfait, et avec le temps les expressions de ce genre qu'il emploie se modifient ou disparaissent. Ce sont, la plupart du temps, des formules adverbiales ou prépositives qui, dans ce cas, peuvent à la rigueur être considérées comme de véritables prépositions, ou adverbes ne faisant chacun qu'un seul mot. Ainsi les expressions : tout à l'heure, tous les jours, peut-être, au fur et à mesure, en France, se traduisent en créole par des mots que nous devons écrire d'une seule pièce. *Titalò, tuléju, pitèt, fitémizu, anfrans.* (Cette dernière expression, pour être la reproduction logique du français, devrait être : *là Frans.*) Mais quand ces formules ne sont employées ni comme particules, ni comme substantifs simples; qu'elles ont un sens complexe, exprimé par des mots étrangers au créole usuel, alors, il faut se garder de les employer en faisant des essais littéraires. Je ne crains donc pas de signaler comme une faute cette phrase de la fable *Tig ké piti muton*, qu'on lira dans cet opuscule : *ki sa pa puré-t-ètre* : que cela ne peut pas être. Attendu que *être* n'est pas créole et que le *t* euphonique n'est qu'une réminiscence orthographique du français.

En jetant un coup d'œil sur l'ensemble de l'idiome des nègres, on observe des tendances générales qui ne sont que l'empreinte des dispositions et des facultés organiques de ceux qui l'ont construit en essayant de parler français. Je me rappelle une remarquable expression de M. Littré au sujet du français primitif : « C'est, dit cet académicien, du latin prononcé par des bouches gauloises. » Eh bien! le créole est du français prononcé par des bouches africaines. C'est, en effet, la difficulté de prononciation, plus encore peut-être que celle de la grammaire, qui désorganise les langages et en fait fabriquer de nouveaux avec les mêmes matériaux.

Parmi les choses qui gênent le nègre dans sa prononciation, l'*r* final tient le premier rang. Il a disparu du créole à la fin de tous les mots et de presque toutes les syllabes non terminales. Exemple : tard, fer, finir, fort, dur : *ta, fè, fini, fò, du*.

Une autre tendance bien constatée des nègres, mais parfaitement inexplicable pour moi, c'est une disposition à intervertir les lettres ou les syllabes des mots qu'ils empruntent au français. Exemple : citrouille, *sutriy*. Lorsque cette tendance se combine avec l'horreur de l'*r* final, cela donne de bizarres résultats. Cercle, serpe, Omer (nom propre), fermer, écorcher, se disent : *srèk*, *srèp*, *Romè*, *fromen*, *kroché*.

Avant de terminer cette notice philologique sur le créole, il ne sera peut-être pas sans intérêt de chercher à se rendre compte de l'avenir de ce patois, si les circonstances venaient à favoriser son développement. C'est ce que nous essaierons de faire, mais très superficiellement.

Quand on examine les vieilles langues désinentielles, aux mots flexibles et variés, aux inversions fréquentes et harmonieuses, on s'aperçoit qu'elles sont graduellement remplacées par des descendants aux formes de plus en plus invariables, de plus en plus raides ; où la phrase, dans l'intérêt de la précision et de la clarté, est emprisonnée dans l'enveloppe inexorable de l'ordre logique.

Il est facile de s'en convaincre en jetant les yeux sur l'origine des langues contemporaines.

Après que le beau langage du Latium, qui s'était répandu sur l'Europe occidentale, à la suite des aigles romaines, eut succombé aux germes de mort que cette extension illimitée y introduisait fatalement, le français primitif, qui sortait de ses ruines, avait conservé des traces de désinences aux substantifs. Le cas direct et le cas oblique révélés par M. Raynouard, ou, si l'on aime mieux, le cas subjectif et le cas objectif y étaient employés, concurremment avec les prépositions. Mais ce vieux français, comme notre créole actuel, ne connaissait pas encore sa voie. Incertain, variable, cherchant instinctivement la clarté, il s'efforçait de préciser, de régulariser l'emploi des prépositions, et, peu à peu, l'utilité des cas désinentiels, souvent nuls à l'oreille, n'existant plus pour le vulgaire, la confusion se mit dans leur emploi. Dans les derniers auteurs qui s'en servirent, ils sont employés sans aucune apparence de discernement.

Comme le nègre d'Oyak ou de la Comté, (42) le bourgeois du moyen-âge vivait dans une douce indifférence des règles de la grammaire. D'un autre côté, le besoin de méthode et de clarté le poussait à son insu à se défaire d'une distinction à laquelle il ne comprenait plus rien. Lorsque le langage français, ainsi que ses sœurs les langues néo-latines, fut devenu une langue mûre et fixée, les cas avaient complétement disparu. L'emploi de la préposition, avec un sens rigoureux et précis, devint alors une condition fondamentale de l'expression de la pensée.

Néanmoins, les quatre belles langues, filles du latin, qui se partagent le sud de l'Europe et, sans doute, leur sœur du Danube avec elles, ont, en perdant l'usage du cas, conservé la variabilité en genre, en nombre et en personne, des articles, des substantifs, des adjectifs et des pronoms. En outre, leur verbe, quoique ayant admis l'usage des auxiliaires, qui remplissent auprès de lui un emploi comparable à celui des prépositions auprès des substantifs, leur verbe, dis-je, a gardé cependant un certain nombre de désinences exprimant les personnes, les temps et les nombres.

Voilà donc un premier pas, dans cette tendance vers l'invariabilité qui se manifeste chez les idiomes fils des langues désinentielles.

Plus tard, le français des compagnons de Guillaume le Conquérant, s'unissant à la langue des Saxons de Harold, donna naissance à ce vigoureux métis qui est devenu l'anglais actuel. Ce langage, bâtard comme le conquérant qui l'a fait naître, est d'une énergique simplicité. Puissant et envahisseur comme Guillaume, il se parle aujourd'hui sur tous les points du globe. Il n'a conservé, en fait de désinence, que l's au pluriel des substantifs et au cas possessif, un très petit nombre de variations dans le verbe, où presque tout s'exprime par de nombreux auxiliaires, et, enfin, un pronom différent pour chaque genre, au singulier seulement. Tout le reste est invariable, article, adjectif, etc. Les prépositions y ont pris une importance sans exemple dans les langues latines, surtout pour modifier le sens des verbes. Elles remplissent alors un rôle mixte qui tient autant des fonctions de l'adverbe que de celles de la préposition.

L'anglais nous présente la seconde génération du latin. La tendance à l'invariabilité se dessine de plus en plus.

Maintenant, voici un langage tout récent dont le français est la base, mais dans lequel un résidu confus d'anglais, de portugais et surtout de dialectes africains incultes et sauvages est venu déterminer une invariabilité presque absolue. C'est le créole, bizarre altération du français, qui s'est désorganisé au contact de ces éléments étranges et qui essaye de refleurir sous une forme nouvelle.

Sans doute on ne saurait mettre en parallèle avec les langues de l'Europe ce patois rudimentaire qui ne sortira probablement jamais de sa phase actuelle; mais, de même qu'un observateur attentif discerne dans l'enfant au maillot les principaux traits de l'homme qu'il doit être un jour, si Dieu lui prête vie, de même le philologue patient et exercé peut déterminer, à peu près, quel est l'idéal vers lequel le génie du créole actuel dirigerait ce patois, si Dieu le destinait à devenir une langue.

Ainsi le créole s'est débarrassé complétement de la variabilité désinentielle dans toutes les parties du discours. L'article et le pronom sont invariables et uniques pour les deux genres. Ces deux espèces de mots, et quelquefois le substantif au vocatif, ont cependant une forme plurielle; mais, en réalité, le pronom seul prend la marque du nombre, le substantif et l'adjectif ne l'exprimant que par l'apposition d'un pronom pluriel. C'est là, avec quelques temps de verbes irréguliers qui varient, les seules et uniques traces que l'on retrouve des inombrables et harmonieuses désinences du grec et du latin.

Il est donc permis de prédire que si le créole devenait une langue sérieuse un jour, il aurait les inconvénients et les avantages d'un idiome encadré dans de nombreuses prépositions et des particules d'un emploi aussi inflexible que rigoureux. La phrase y serait courte, rigide, mais claire et peut-être imagée; car la hardiesse de certaines de ses métaphores révèle pour l'avenir une grande disposition à la poésie. L'emploi des figures serait même indispensable pour donner à ses tours de phrases, toujours identiques, un agrément capable de compenser l'absence de variété et d'inversions. Une grammaire simple et facile (mais qui serait certainement plus compliquée que les ébauches de règle qui se dessinent dans l'état actuel du créole) en donnerait la clef en quelques pages. Les prépositions et les particules modificatives y abonderaient; mais c'est surtout dans l'emploi de ces petits mots que les règles seraient sévères et précises. En se mûrissant, le créole en aurait acquis un grand nombre qui lui font aujourd'hui défaut, et qui ne pourraient avoir toute leur utilité qu'après avoir reçu une signification et un rôle nettement précisés par l'usage et les monuments littéraires.

En un mot, parmi les langues qu'il m'a été permis d'étudier, le créole m'a paru la plus haute expression du *système particulaire*, comme la langue d'Homère est ce que j'ai vu de plus complet dans le *système désinentiel*.

C'est donc à fixer l'emploi des particules, à développer le nombre et les nuances des prépositions, de manière à donner des ressources à l'expression difficile de la pensée, que doivent tendre les efforts des personnes qui s'essayent à manier le créole. Elles doivent également éliminer avec soin les mots corrompus qui ne sont pas logiquement analysables en créole. Les nègres les emploient quelquefois, mais ils n'ont l'idée de s'en servir et ne les comprennent que parce qu'ils comprennent le français.

Quoi qu'il en soit, les efforts individuels de quelques amateurs de philologie ou de quelques créoles pour qui le patois du pays a du charme, ne peuvent être que d'une influence bien faible sur l'avenir de l'idiome de nos colonies. On peut leur indiquer le sentier où ils doivent se tenir ; mais le développement d'une langue ne peut se produire qu'avec le développement d'un peuple. Le perfectionnement du langage n'est qu'une branche de cet ensemble de perfectionnements appelé civilisation. Or, où est le peuple entièrement composé de gens parlant créole qui puisse se développer et se perfectionner, à l'heure qu'il est? Nulle part, pas même à Haïti, où l'on paraît mettre une médiocre ardeur à marcher dans les voies de la civilisation.

Ce petit ouvrage n'est donc qu'un travail de pure récréation, et celui qui l'a écrit se réjouirait sincèrement d'y avoir consacré quelques heures de loisir, s'il était certain qu'en le feuilletant, le lecteur y trouverait le plaisir qu'il a éprouvé lui-même en rassemblant, étudiant, coordonnant les matériaux qui le composent.

FIN DE LA NOTICE GRAMMATICALE

NOTES ET COMMENTAIRES

PAR

Alfred de St-Quentin

NOTES ET COMMENTAIRES

NOTE a (page xi)

Lorsque l'on étudie la carte de l'Amérique du Sud, on est frappé des proportions grandioses que prennent, dans ces contrées, les phénomènes géologiques. Les montagnes du Brésil, les Andes et la chaîne qui s'en détache vers l'Est pour aboutir au golfe du Mexique, près de Caracas, forment comme un cirque de plus de 2,000 lieues de développement, qui embrasse les bassins de l'Amazone et de l'Orénoque. A partir de Caracas, la chaîne de l'Est s'immerge et ne montre plus que ses sommets, qui constituent la ligne des Antilles. Cet immense soulèvement a pour bases les calcaires; les volcans en ignition y sont très nombreux, les tremblements de terre y sont fréquents et terribles. Le massif isolé de la Guyane jouit, au contraire, sous ce rapport, d'une sécurité que rien n'est venu troubler jusqu'ici. Cela tient à une constitution géologique essentiellement différente; elle présente trois formations tranchées que l'on peut classer comme suit :

1° Roches primitives (quartz pur, granites, gneiss, diorites, leptinites, etc.), qui forment l'ossature, la charpente du sol, à la surface duquel elles font souvent saillie, mais par masses circonscrites ;

2° Une roche de formation postérieure connue sous le nom de limonite, qui recouvre immédiatement les premières formations, sans que l'on rencontre de couches tertiaires et de transition ;

3° Enfin, les argiles, les terres végétales, les amas de sables et de marnes, les dépôts lacustres, les alluvions, etc.

Partout le calcaire, même sous forme de madrépores et de dépôts coquillers importants, fait défaut à la Guyane.

NOTE b (page XIII)

Pour que ce tableau *vrai* se retrouve identiquement reproduit avec la couleur locale dans les conceptions fantastiques de V. Hugo, il n'y a que quelques noms de *monstres* à changer.

> Là, dans une ombre non frayée,
> Grondent le tigre ensanglanté
> . . . .
> Et le léopard tacheté.
>
> Là des monstres de toute forme
> Rampent : « l'alligator » rêvant,
> Le noir « tapir » au ventre énorme
> Et le boa vaste et difforme
> Qui semble un tronc d'arbre vivant.
>
> L'orfraie aux paupières vermeilles,
> Le serpent, le singe méchant
> Sifflent comme un essaim d'abeilles.
>
> Là vit la sauvage famille
> Qui glapit, bourdonne et mugit.

Le bois entier hurle et fourmille.
Sous chaque buisson un œil brille,
Dans chaque antre une voix rugit.
(V. Hugo, *Orientales*, 27.)

NOTE c (page XIII)

Le conflit auquel il est fait allusion remonte, comme on le voit, à 159 ans. Pendant cette longue période, le Portugal et le Brésil ont montré une persévérance et une ténacité qui n'ont été égalées que par notre insouciance. L'on n'avait pas fait un pas vers une solution quelconque, lorsque, en 1850, étant commandant du génie à Cayenne, je fus chargé de rédiger un mémoire sur cette interminable question, et je l'adressai la même année au département de la marine. En 1853, le gouvernement impérial proposa au Brésil d'ouvrir des conférences pour l'interprétation des articles du traité d'Utrecht concernant les limites de la Guyane. Ces conférences s'ouvrirent, en 1856, entre M. le comte de Butenval, plénipotentiaire français, et M. le vicomte de l'Uruguay, plénipotentiaire brésilien. Les protocoles en ont été publiés et démontrent que ce fut un véritable tournois, dans lequel furent déployées de part et d'autre toutes les ressources de l'érudition la plus profonde et de la diplomatie la plus habile. L'avantage resta en dernière analyse au diplomate français ; car, pressé par des arguments serrés et irréfutables, le représentant du Brésil arriva, de concession en concession, à admettre l'abandon à la France d'une quarantaine de lieues du littoral. Mais c'était encore insuffisant, et la convention à intervenir pour la *fixation des limites entre la Guyane et le Brésil* retomba dans les limbes diplomatiques. Toutefois, les résultats obtenus sont importants. La question est étudiée ; les concessions consenties lui ont fait faire un grand pas. Cependant, un savant Brésilien, M. Gaëtano da Silva, l'a reprise en sous-œuvre pour la ramener à son point de départ, dans deux volumes grand in-8° publiés en 1861. (Paris, imprimerie de Martinet.)

Mon mémoire de 1850 a été publié *in extenso* par le département de la marine dans la *Revue coloniale* d'août et septembre 1858. Il m'a valu, de la part de M. le ministre plénipotentiaire comte de Butenval, des témoignages flatteurs pour lesquels je me plais à consigner ici l'expression de ma gratitude.

Dès 1731, mon bisaïeul maternel, le chev^r Z. A. d'Audiffrédi, avait été chargé d'explorer le littoral litigieux et de rédiger un rapport qui est cité avec éloges dans les mémoires de l'Institut (frimaire an VI, *Sciences morales et politiques*, p. 15). Son fils le chev^r M. A. d'Audiffrédi, mon aïeul, capitaine d'infanterie et ingénieur hydrographe comme son père, s'occupa aussi de la question, leva une excellente carte de la rivière d'Oyapock. *(Mémoires du géographe Mentelle.)* Il parlait tous les dialectes indiens. Le savant M. G. da Silva cite et discute le rapport de J. A. d'Audiffredi dans 12 des paragraphes numérotés de son livre, et combat mon argumentation dans 75 autres paragraphes. S'il avait connu ma filiation, il n'aurait pas manqué d'en déduire la preuve de l'ambition héréditaire et obstinée qui pousse les colons de Cayenne vers l'Amazone. Je ne saurais, d'ailleurs, trop me louer de l'estime avec laquelle il parle toujours de mon travail dans son œuvre ; il a eu la courtoisie de venir lui-même, dans le temps, m'en offrir un exemplaire à Versailles.

NOTES ET COMMENTAIRES 177

NOTE *d* (page xviii)

L'histoire de l'or à la Guyane commence par la fable fameuse de l'Eldorado. On a cru, en 1855, qu'elle allait devenir une réalité : on venait de découvrir des alluvions aurifères réellement assez riches pour rémunérer une exploitation conduite sagement et sur une échelle modeste. Mais l'enthousiasme était à son comble ; il se forma sur place une grande Compagnie d'exploitation au capital de 2 millions de francs dont le quart fut versé. Les *grandes Compagnies* sont un des fléaux chroniques de la Guyane. Malgré l'adjonction de capitalistes français, qui souscrivirent aussi pour 2 millions, les actionnaires ne reçurent jamais aucun dividende, et, en 1868, on procéda à une liquidation, au moyen de laquelle ils rentrèrent dans environ 10 pour 100 du capital versé douze ans auparavant.

Les exploitations actuelles produisent à peu près 60 kilogrammes d'or par an. Si la Guyane se peuplait, on trouverait probablement de riches mines dans les montagnes aujourd'hui désertes de l'intérieur.

NOTE *e* (page xxii)

Lorsque j'ai quitté la Guyane, en 1857, le Code local comptait déjà 30 volumes publiés depuis 1819. Il doit en comprendre aujourd'hui plus de 40.

NOTE *f* (page xxiv)

Ces renseignements sont extraits de l'excellent recueil publié en Angleterre sous le titre de *Whitaker's Almanack for 1872*.

NOTE *g* (page xxvii)

« La prospérité de Saint-Domingue, de la Guadeloupe, de la Martinique, des îles de France et de Bourbon... fit oublier trop facilement à la France le lugubre épisode de la Guyane, cette terre aux tragiques destinées. »
(H. Martin, t. XVI, p. 235, 1763-1768).

NOTE *h* page xxxi)

C'est sous la domination des douze seigneurs que la race noire fit sa première apparition dans notre Guyane. On avait arrêté un forban français qui, dans une petite barque armée d'une quinzaine de bandits de toutes les nations, suivait les côtes en cherchant fortune. Il se trouvait à bord 14 nègres esclaves enlevés à Pernambuco sur un établissement portugais. Ils furent saisis avec le reste. L'un d'eux, homme athlétique, hideux et sans nez, fut désigné pour exécuter Isambert. Il lui trancha la tête avec une serpe en disant d'une voix solennelle : « *Al nombre de Dios !* (Au nom de Dieu !) »

NOTE *i* (page xxxii)

On se fait en général, en France, une très fausse idée de ce que l'on appelait alors des *flibustiers*, et on les confond presque avec des pirates. Bien qu'ils ne fussent pas précisément des modèles de vertu, ils n'étaient, en somme, pas autre chose que ce que l'on nommait des *corsaires* dans les guerres maritimes modernes. Ils étaient non seulement reconnus, mais encouragés et protégés par le gouvernement. Leur intrépidité proverbiale leur a fait accomplir des exploits presque fantastiques. Ceux qui s'arrêtèrent à Cayenne étaient partis de Saint-Domingue, avaient forcé le passage à travers l'isthme de Panama en livrant deux combats aux Espagnols. Ils avaient rançonné toutes les côtes de la mer du Sud et enlevé un galion. Ils regagnaient le golfe du Mexique après avoir franchi le détroit de Magellan.

NOTE j (page xxxiii)

La carrière de M. de la Barre a été des plus singulières. Il débuta dans la magistrature et fut successivement conseiller au Parlement et maître des requêtes. Puis il fut nommé intendant du Bourbonnais. Devenu l'un des principaux promoteurs de la Compagnie des Indes occidentales, le roi, en l'envoyant dans les colonies comme son lieutenant général, le revêtit du grade de capitaine de vaisseau. La Barre prit à cœur sa nouvelle carrière, devint un excellent marin et se distingua dans plusieurs batailles navales.

NOTE k (page xxxiv)

On réunissait alors bien des fonctions dans les mêmes mains. M. de Milhau, dans ses mémoires, en cite un exemple singulier. « Le sieur Tixier, dit-il, occupe la place de procureur général, et avec elle celle d'écrivain du roi, de trésorier des troupes et de garde-magasin. Elles paraîtraient incompatibles dans un autre homme ; mais il sait les exercer toutes à la fois, et d'une manière qui ne le fatigue point. »

NOTE l (page xxxiv)

Ce conseil fut constitué par lettres-patentes de 1703. Un mémoire de l'ordonnateur d'Albon nous fait connaître sa composition en 1707 : à d'Orvilliers, gouverneur, président ; d'Albon, ordonnateur ; de la Motte-Aigron, lieutenant du roi ; Tixier, procureur général ; plus huit habitants conseillers : MM. Le Roux, Jouneau, de Monsigot, Dufour, Le Picard, de Macaye, Jeauffret et Courant. Bien que les fonctions de conseiller fussent gratuites, elles étaient fort recherchées. Le Père Labat explique pourquoi. « Les conseillers siègent l'épée au côté, parce qu'ils sont tous gens d'épée ; ainsi on peut dire qu'ils sont au poil et à la plume... Il ne faut pas s'attendre à trouver ici des jurisconsultes, mais des gens sages, désintéressés, d'une probité à toute épreuve, riches, etc. »

Plusieurs des noms qui figurent ci-dessus sont bien connus à Cayenne ; mais celui du conseiller Le Roux, qui mourut en 1716 doyen du conseil, mérite une mention toute spéciale, parce qu'il fut une sorte de patriarche pour la colonie. Il était petit-fils du malheureux Le Roux de Royville, chef de l'expédition des douze seigneurs, assassiné en 1652 par ses associés. Il se maria trois fois et eut des enfants de ses trois femmes. Les deux dernières étaient des veuves (veuve de Kerckove et veuve Mettéreau), qui avaient des enfants du premier lit. Il en résulte que le nom de Le Roux, aujourd'hui éteint, figure dans les actes de presque toutes les anciennes familles du pays. Deux de ses filles épousèrent, l'une M. de Milhau, auteur de mémoires estimés sur Cayenne, l'autre, J. A. d'Audiffrédi, dont il est fait mention dans la note c.

Dans la liste des officiers de la garnison, à la même époque, on reconnaît aussi bien des noms devenus depuis lors créoles : de la Jard, Dunézat, Courant-Mahury, Rousseau-Saint-Philippe, d'Ecoublans, du Chassy, Gabaret et de Kerckove.

NOTE m (page XXXVI)

La dispersion des Indiens fut un véritable malheur; elle nous laissa en présence d'un immense obstacle : le désert. Il avait fallu que, pendant plus d'un siècle, les missionnaires jésuites déployassent l'habileté, la persévérance, la fermeté, l'abnégation et le dévouement absolus qui les caractérisent, pour captiver par la persuasion ces hommes d'une nature inerte et molle, mais subtilement rebelle, et pour fixer leurs peuplades errantes dans quelques bourgades, en les transformant en cultivateurs à peu près civilisés. Lorsqu'ils furent livrés subitement et sans frein moral à eux-mêmes, leurs vices originels, compliqués de ceux qu'ils contractèrent au contact des Européens, amenèrent la destruction spontanée et presque complète de leur race. On évalue aujourd'hui à 1,500, ou 1,800 le nombre des Indiens dispersés sur notre immense territoire. Cette évaluation est peut-être exagérée.

NOTE n (page XXXVII)

De ce nombre fut un brave officier canadien nommé Hertel de Cournoyer, dont les cinq frères avaient été tués dans la guerre contre les Anglais.

NOTE o (page XXXVIII)

Le médecin Bajon, qui a publié de bons mémoires sur Cayenne, et qui fut chargé du service médical à Approuague, décrit avec un soin minutieux les symptômes des maladies qu'il observa et le traitement qu'il fit suivre aux malades. Il a ensuite la candeur de dire : « En septembre, on nous envoya 300 Allemands, arrivés depuis peu de France. Il y avait à peine huit jours qu'ils étaien descendus à terre, lorsque la maladie se déclara et devint si cruelle que, vers les premiers jours de novembre, il n'en restait que trois : l'un était infirmier et n'avait point eu la maladie ; les deux autres étaient dans une convalescence de laquelle ils n'ont pu se rétablir. »

NOTE p (page XLI)

Voici la composition de l'Assemblée de 1777 :

GOUVERNEUR

M. de Fiedmond, brigadier des armées du roi.

ORDONNATEUR

M. Malouet.

MEMBRES DU CONSEIL SUPÉRIEUR

MM. de Macaye, procureur général.
de la Vallière, colonel.
Vallée, lieutenant-colonel.
Grousson, doyen.

CONSEILLERS TITULAIRES

MM. Patris.   MM. Berthier.
Molère.   Courant.

ASSESSEURS

MM. Arthur.
de Prépaud.
Vian.

GREFFIER

M. d'Outreville.

COMMANDANTS DE QUARTIERS

MM. de Préfontaine.   MM. Néron de Morangiès.
Albanel de la Sablière.   de Marcenay.
de Kerckove.   Marot.
de Balzac.

NOTES ET COMMENTAIRES

DÉPUTÉS DES PAROISSES

MM. Tengui.	MM. Brifaud.
Bourda.	de Clarac.
de Chambly.	Terrasson.
Robert.	Jubin.
de Feyolle.	Chr. de Franqueville.
Domengé.	de la Foret.
Desours.	Galivet.
Methieosen.	Dinsen.

Le sieur Leiffier, greffier de l'Assemblée.

NOTE q (page XLIII)

Ils proposaient de favoriser les mariages entre personnes de races blanche et indienne, et l'affranchissement des hommes de couleur, après leur avoir fait apprendre un métier.

NOTE r (page XLIV)

Un nouvel affranchi noir ayant un certain pécule à sa disposition avait immédiatement songé à l'utiliser en achetant un esclave. Quand on lui fit comprendre combien son désir était en opposition avec la loi nouvelle, il s'écria tout désappointé : « Quelle ridicule liberté est cela ! Comment ! je ne peux pas acheter le moindre nègre pour travailler pour moi ? *(Sa ki foutî liberté sa! Koumann! mo pa pouvé achté oun michan nèg pou travay pou mo?)*»

Le mot est historique.

NOTE s (page XLV)

Les noirs marrons étaient réfugiés, au nombre de plus de 1,200, dans le haut de la rivière de la Comté. Ils y avaient formé quatre établissements dont le principal, Joli-tè, servait de capitale à Simon, leur grand chef, homme intrépide et d'une force herculéenne. Il gouvernait avec le sombre despotisme du pays natal, et avait établi le culte du Dieu suprême africain Koumbi, ainsi que celui des idoles Bitou et Kachi, qu'il consultait avec grand appareil. Il avait prévu la réaction et organisé la défense. Il fallut, pour enlever et détruire ses établissements, une lutte sanglante et acharnée. Il fut, à la fin, pris et exécuté avec ses trois lieutenants, et ses sujets rentrèrent dans leurs anciens ateliers. Une bande établie sous un chef féroce nommé Adôme, dans le haut de la rivière de Tonnégrande, eut le même sort ; cependant un de ses lieutenants, nommé Pompée, mit encore en défaut, pendant deux ans, tous les détachements lancés à sa poursuite, résistant aux plus faibles, se retirant devant les autres. Enfin, à bout de ressources, il s'enfonça résolument dans les forêts, vers le centre montagneux de la Guyane, jusqu'à ce qu'il eût mis entre lui et les blancs une distance telle qu'il lui eût été impossible de retrouver ses propres traces. Ce ne fut que vingt-deux ans plus tard que le hasard fit découvrir l'établissement qu'il avait formé. Il fut pris et amené à Cayenne avec tout son monde, où l'on comptait plusieurs beaux jeunes gens nés dans les bois et qui n'avaient jamais vu de blancs. Condamné à mort comme chef de bande, il fut gracié à la prière de l'abbé Guillet, préfet apostolique, et de mon père, alors contrôleur colonial de la marine. Une circonstance assez singulière me fit connaître personnellement Pompée en 1824. J'assistais, en enfant curieux, à un tir à la cible; un jeune fantassin, qui avait assez bien placé sa balle, se retourna tout joyeux, et son regard ayant rencontré celui d'un vieux nègre à cheveux blancs, il lui dit en frappant sur son fusil : « Tu ne connais pas ça, toi, noiraud? Tu n'en ferais pas autant? — *Si ou oulé m'a séyé* (si vous voulez j'essayerai), » répondit doucement le vieillard. On lui passa un fusil ; il visa attentivement et mis sa balle à peu près au point du centre, puis il découvrit son épaule, et se retournant vers le jeune soldat, il lui fit voir les cicatrices laissées par une balle qui l'avait traversée jadis. « Vo voyez, dit-il en créole, que je connais ça et que ça me connaît ! » Pendant que les soldats lui faisaient boire un verre de vin, en le regardant avec une sorte de respect : « *Papa*, lui dis-je, *sa kouman yé ka-plé ou?* (Bon père, comment vous appelle-t-on ?) — *Kouman, mèt Alfred*, répondit-il, en me regardant d'un air caressant, *ou pa konèt Pompée?* (Comment, maître Alfred, vous ne connaissez pas Pompée?) » Et il se perdit dans la foule. Je compris alors qu'il sût manier un fusil.

NOTE *t* (page XLV)

La Guyane partagea le sort de toutes nos colonies. Vers la même époque, l'amiral Villaret-Joyeuse, gouverneur de la Martinique, et le général Ernouf, gouverneur de la Guadeloupe, furent contraints de les rendre aux Anglais.

Malgré les colères de l'empereur et son désir non dissimulé d'une condamnation, Victor Hugues, traduit, suivant l'usage, devant une commission militaire pour rendre compte de sa conduite, fut acquitté à *l'unanimité*. Il prouva jusqu'à l'évidence que la perte de la colonie était due principalement à l'abandon dans lequel on l'avait laissée, au manque de moyens les plus indispensables de défense et surtout au système adopté par l'ennemi, d'affranchir tous les esclaves qui se rangeraient de son côté. Il succomba ainsi en 1809, parce qu'il fut attaqué avec l'arme qui l'avait fait triompher à la Guadeloupe en 1794. Arrivé devant cette île, il l'a trouvée au pouvoir des Anglais. Il se fit jeter à terre à minuit avec tout ce qu'il put réunir de troupes de débarquement, environ 1,000 hommes, et enleva de vive force le fort Fleur-d'Épée, défendu par 1,200 Anglais. C'est de là qu'il lança dans l'île le décret d'abolition de l'esclavage du 16 pluviôse an II.... « Les esclaves accoururent et les combats contre les Anglais commencèrent ; lutte héroïque qui dura sept mois et au bout de laquelle les Anglais s'embarquèrent précipitamment, laissant derrière eux leur honneur à jamais souillé sur ces rivages. » *(Revue coloniale de mars 1847.)*

Les Portugais firent frapper, en mémoire de la prise de Cayenne, une médaille de grand module, qui fut distribuée à tous les militaires faisant partie du corps expéditionnaire. Elle était en argent pour les officiers et en bronze pour la troupe. Cette médaille et celle frappée sous Louis XIV, en mémoire de la reprise de Cayenne sur les Hollandais en 1776, constituent, avec deux monnaies locales de billon, toute la numismatique de la Guyane française.

NOTE u (page XLVI)

Je possède un mémoire portugais fort curieux sur ce projet. Il a été rédigé par M. da Costa, desembargador agravista (intendant général), et a été imprimé à Cayenne ou au Para, vers 1812.

La colonie courut un danger terrible lors de la révolte de la garnison portugaise, qui éclata dans la nuit du 5 au 6 mars 1811. Les principaux instigateurs étaient de sous-officiers et des soldats, métis de race indienne et noire, originaires de la province de Pernambuco. Ces hommes jouaient du poignard pour le plus léger motif; d'autres, tout aussi féroces et aussi indisciplinés, étaient des Indiens tapouyes, levés à Macapa. Leur projet était d'assassiner leurs chefs et les colons français, de piller la ville et de gagner les colonies espagnoles, alors en insurrection, sur un grand navire négrier qui se trouvait dans le port, et dont l'équipage était de connivence avec eux. Un sergent nommé Barboza fit prévenir l'intendant da Costa, par l'intermédiaire d'une négresse nommée Ethélinte. Le colonel Barate, commandant des troupes, réunit les artilleurs et quelques soldats restés fidèles, et les insurgés furent mitraillés à leur sortie de la caserne. Le lendemain, quatre des plus coupables furent fusillés. Cayenne dut son salut à l'énergie du colonel Barate. Barboza fut nommé sous-lieutenant et envoyé dans une autre province; sans cette précaution il eût infailliblement été assassiné par les Tapouyes.

Je donne ici ces détails, que je tiens d'un témoin oculaire, parce qu'ils forment un épisode oublié ou peu connu de l'histoire de Cayenne.

NOTE v (page XLVII)

C'est à cette époque que remonte le projet d'un sieur Blanche, qui ne voulait introduire à la Guyane que des *individus riches et des paysans honnêtes*.

Catineau-Laroche y mettait moins de ménagements : en dix ans, il dirigeait sur la Guyane, 100,000 Européens. Il démontrait qu'après ces dix années, cette population aurait doublé, et que chaque immigrant jouirait de 150,000 livres de rentes!

Ces rêveries font sourire, mais on redevient sérieux en voyant essayer de mettre des idées analogues en pratique à *Laussadelphie* sur le Passoura, et à la *nouvelle Angoulême* sur la Mana. Du reste, la ruine de ces établissements fut tellement prompte, qu'il en resterait à peine un souvenir, si la Mana ne se fût subitement transformée en un bourg intéressant et prospère, lorsqu'on y concentra, à la place des colons blancs, les noirs saisis à bord des négriers et affranchis sous le patronage du gouvernement.

On reste stupéfait en voyant, *en 1865*, reprendre en sous-œuvre les idées de M. de Laussat, et préconiser son projet dans un livre estimable à d'autres points de vue. (L. Rivière, *la Guyane française en 1865.)* L'auteur appuie son opinion d'une phrase poétique de Linnée, rêvant de palmiers dans les glaces de la Suède. Hélas ! quand se décidera-t-on à étudier les *faits* et non les théories et les opinions ?

NOTE x (page XLVII)

J'ai vu débarquer en grande pompe, à Cayenne, les fils de l'Empire du Milieu. Un vieux colon, assez frondeur du reste, m'affirma alors que l'introduction à la Guyane de chacun de « *ces gredins-là* » coûtait 96,500 francs à l'Etat. Quelques années plus tard, j'ai retrouvé le dernier de ces pauvres gens au jardin botanique de l'hôpital de Rochefort, où il était employé à l'arrosage ; on le classait aussi un peu parmi les objets de curiosité, car les Chinois étaient alors plus rares en France qu'aujourd'hui. Son squelette doit figurer depuis longtemps dans le musée anthropologique de l'hôpital.

NOTE y (page LII)

A cette époque, j'étais depuis quatorze ans chargé du

service du génie à la Guyane, et je me trouvais en congé à Paris. M. Ducos, ministre de la marine, réunit en conférence une quinzaine de personnes choisies parmi celles qu'il crut aptes à l'éclairer sur la question de transportation. Je fus appelé à faire partie de cette réunion. Croyant d'abord que le choix du lieu pouvait être modifié, je développai avec une conviction émue les opinions que je soutiens encore dans ce livre. J'eus donc le triste honneur d'annoncer toutes les difficultés devant lesquelles le projet devait échouer. Je fus écouté avec une incrédulité un peu railleuse par quelques colonisateurs parisiens, et tous ceux qui ne me combattirent pas gardèrent le silence. Je ne fus appuyé que par le docteur Senard, adjoint à l'inspection générale du service de santé de la marine. Le ministre paraissait soucieux. A l'issue de cette séance, il me prit à part et me dit qu'il m'avait écouté avec une grande attention et un vif intérêt; mais que, sans qu'il mît en doute un seul instant la sincérité de mes convictions, j'étais trop *colon* pour qu'elles ne fussent pas légitimement suspectées de préjugés, surtout lorsque tant d'hommes compétents, qui m'avaient entendu, se taisaient ou m'étaient adverses; que, dans tous les cas, il comptait sur mon dévouement pour aider, par mon concours, à éviter des dangers que je connaissais si bien. Je m'inclinai et je me retirais fort triste, lorsque je rencontrai le général de F., qui avait assisté à la séance sans souffler mot. « Comment, mon général! lui dis-je avec chaleur, vous vous êtes tu, vous qui connaissez la Guyane aussi bien que moi? — Que vous êtes jeune! me répondit-il, ne voyez-vous pas que la cause était jugée avant d'être entendue? »

NOTE 1 (page LVIII)

En passant du français dans le créole, les mots ont subi des transformations pour ainsi dire régulières. Voici les plus saillantes :

L'*u* français a un son barbare, inconnu dans la prononciation de l'anglais, de l'italien, de l'espagnol, du portugais, etc. Les Anglais le prononcent *iou* et *eu*, les peuples méridionaux *ou*. Il est assez bizarre que les nègres en aient fait un *i*. Exemple : *larim'* veut dire rhume ; *pointi*, pointu ; *pi*, puits, etc. Cependant, il y a quelques rares exceptions : le pronom personnel *tu* est devenu *to*, *tuer* est devenu *kiwé*, etc.

L'*r* final et celui qui dans un mot précède une autre consonne a disparu partout : colère se dit *kolè* ; faire, *fè* ; Jupiter, *Jiptè* ; partir, *pati* ; carte, *kat*, etc.

L'article étant à peu près supprimé en créole, il s'est généralement fondu dans le nom : eau se dit *dilo* ; vin, *diven* ; porte, *lapòte* ; église, *légliz*, etc. Mais cette règle est sujette à beaucoup plus d'exceptions que les précédentes.

Sans pousser plus loin ces remarques, nous constaterons que quelques expressions vieillies en français se sont maintenues dans le créole. Ainsi, Biet, l'historien des douze seigneurs, emploie le mot de *dégrad* pour désigner un lieu où l'on débarque, et dit *dégrader* pour débarquer. Ces expressions sont restées créoles.

Outre une foule de noms d'objets qui sont indiens, comme nous l'avons dit, il est entré dans le créole quelques mots bizarres provenant de la même source : *konkoné*, tordu, vient évidemment du mot galibi *tigokoné*, qui a la même signification.

Les mots portugais abondent dans le créole : *briga, fika, kaouka, lagratich* ont cette origine.

Les mots anglais sont plus rares : *chwit*, agréable au goût, vient de l'anglais *sweet*; et *nomsèk*, homonyne, de *namesake*.

Je ne connais qu'un mot bien authentiquement d'origine africaine. Lorsqu'un nègre heurte quelqu'un involontairement, la politesse veut qu'il s'excuse en disant : *Ago!* De là, le proverbe : *Ago pa guéri maleng*, l'excuse ne guérit pas le mal. Or, le chev^r des Marchais raconte, dans son *Voyage à la côte de Guinée*, que le roi de Juida est fort jaloux. Lorsqu'un de ses sujets frôle en passant une de ses femmes, si c'est involontairement on le vend comme esclave ; si c'est volontairement, il est enterré vif. Aussi, ajoute-t-il, les hommes qui veulent entrer dans les cours du palais, où l'on rencontre les femmes du roi plus souvent qu'ailleurs, ne manquent pas de crier plusieurs fois : *Ago !* c'est-à-dire : *Gare! prenez garde!* Le sens du mot s'est un peu altéré en créole, mais l'étymologie est incontestable.

NOTE *aa* (page LIX)

Pour justifier cette assertion, il me suffira d'analyser succinctement la constitution du verbe créole. Je serai contraint ici de m'écarter un peu du système adopté par l'auteur de la *Grammaire*, qui s'est placé plutôt au point de vue synthétique et dogmatique qu'à celui de l'analyse. Cette divergence tient à ce que nous n'avons pas pu nous concerter ; mais elle n'a rien d'important, et, en somme, nous arrivons, par des formules différentes, à des résultats identiques.

Tous les mots créoles sont invariables.

Le verbe n'est représenté que par son infinitif.

Tous les temps se conjuguent au moyen d'un seul verbe auxiliaire, remplaçant à la fois les deux auxiliaires français *être* et *avoir*; mais il les remplace uniquement comme auxiliaires, et non comme impliquant l'idée d'*existence* et de *possession*. Ces deux idées sont représentées en créole par les mots *sa* et *gagnen*, qui sont des verbes ordinaires.

L'auxiliaire créole se compose uniquement des trois monosyllabes *ka*, *té* et *wa*.

Au moyen de ces trois mots et des six pronoms *mo, to, li, nou, zot, yé* (je, tu, il, nous, vous, ils), on peut immédiatement conjuguer un verbe quelconque, et nous répétons qu'un verbe est représenté par un seul mot, son infinitif.

Examinons le mécanisme de l'auxiliaire : 1° *ka*, signe du présent, indique une *action* actuelle, non encore terminée. Exemple : je mange, *mo ka manjé*. Le mot *ka* n'a point d'équivalent en français; il correspond à peu près au *do* anglais, mais avec un rôle plus étroit et plus absolu.

2° *Té* correspond à *était* et *avait* : il marque une action passée, complète et finie au moment dont on parle, c'est-à-dire le plus-que-parfait français. Exemple : j'avais mangé, *mo té manjé*; j'étais allé, *mo té alé*.

3° *Wa*, qui correspond à *serai* et *aurai*, marque toute action future. Exemple : je mangerai, *mo wa manjé*; j'aurai fini, *mo wa fini*.

On comprendra maintenant avec quelle facilité, au moyen de ces trois représentants du passé, du présent et du futur, on forme, par des combinaisons logiques, tous les autres temps indispensables du verbe.

Ainsi, l'imparfait est la combinaison du passé et d'une action qui s'accomplissait sans être terminée au moment dont on parle. On dira donc : je mangeais, *mo té ka manjé*.

Ainsi de suite pour les autres temps composés, que l'on trouvera facilement en tenant compte de la valeur absolue de *ka*, *té* et *wa*. Je dis valeur *absolue*, car le sens en est tellement inflexible, qu'il donne lieu à une règle très remarquable et dont l'application est très délicate dans la pratique, parce qu'il ne se présente rien d'analogue dans le français, ni dans les autres langues dont je connais les éléments. *Ka*, indiquant une action actuelle qui se continue, qui se complète, ne peut s'appliquer pour traduire en créole le présent des verbes impliquant une idée déjà complète; ainsi, *je crois*, présent du verbe français *croire*, implique l'idée complète de la croyance; ce n'est pas une action qui se développe, c'est un fait accompli. Pour le créole, c'est un passé qui constate une qualité du sujet ; c'est un passé pris adjectivement, et il traduira : *je crois*, c'est-à-dire *je suis croyant*, par *mo kré*, comme il traduit : je suis beau, je suis bon, par *mo bel*, *mo bon*. C'est tellement vrai que, s'il y a progrès dans la croyance, on emploiera *ka*. Ainsi, pour traduire en créole la phrase : plus je l'écoute, plus je crois qu'il a raison, on dira : *pi mo ka kouté li pi mo ka kré li rézon*.

Je m'arrête pour ne pas refaire une grammaire déjà complète; mais je regrette de ne pouvoir faire ressortir la généralité, la variété des idées comprises, sans confusion possible, dans un seul mot créole. Ainsi, *manjé* s'emploie, non seulement pour tous les temps du verbe manger ; mais, pris substantivement, il veut dire aliment. Exemple : un aliment agréable au goût, *oun manjé ki chwit*. Il peut être aussi employé adjectivement. Exemple : une robe mangée par les vers, *oun rob manjé ké vè*, etc., etc. On en arrive à se demander si c'est le verbe qui devient substantif, ou le substantif qui devient verbe, et l'on est bien près de conclure qu'il n'y a de fait qu'un seul verbe en créole, l'auxiliaire, chargé d'imprimer à un mot unique, substantif ou adjectif, l'idée de l'action présente, passée ou future.

Si l'on remarque, en outre, que tous les mots étant invariables, il n'y a aucune règle à retenir pour les accords, les genres, les nombres et les cas, on reconnaîtra que je n'ai pas exagéré la simplicité, la logique et la netteté du langage créole.

NOTE *bb* (page LX)

La proclamation de l'agent Burnel est citée dans les intéressantes *Notes historiques* publiées par P. Mettéreau, dans l'Almanach de la Guyane de 1824. Les noirs, un instant soulevés, furent maintenus dans l'ordre sans effusion du sang. Les habitants notables s'entendirent avec la garnison, et Burnel, sommé de quitter le pays, par M. Franconie père, procureur général, syndic pour l'administration coloniale, et par M. Prachet, maire de la ville, fut conduit au port par un piquet de grenadiers et embarqué.

J'ai lu, dans ma jeunesse, un autre document écrit en créole et conservé longtemps dans les archives du gouvernement. C'est un *rapport militaire* fait, en 1744, au gouverneur d'Orvilliers. Voici dans quelles circonstances. On était en guerre avec les Anglais ; un corsaire de cette nation surprit de nuit un poste isolé, que l'on entretenait à l'Oyapook pour protéger le Bourg. La petite garnison se réfugia dans le haut de la rivière ; les Anglais pillèrent et brûlèrent le Bourg. Dans la bagarre, un seul homme avait conservé son sang-froid : c'était le Père Fauque, missionnaire jésuite, desservant de la paroisse. Au premier coup de fusil, il courut à l'église, mit les objets du culte à l'abri de la profanation et du pillage, et ne tomba aux mains des Anglais que lorsqu'ils mirent le feu à l'église. Les corsaires, exaspérés de son refus de livrer son trésor sacré, malgré leurs menaces de mort, l'emmenèrent avec eux en reprenant la mer. Pendant ce temps, un Indien, élève des jésuites, caché dans les halliers, près du poste, expédia à Cayenne, par une pirogue, le rapport dont j'ai parlé, et que le gouverneur reçut et lut à table, au milieu d'un assez grand nombre d'invités. Il était conçu en ces termes : « *Anglai pran Yapoc, yé mené mon père alé, toute blang foulkan maron danboi.* (Les anglais ont pris Oyapock, ils ont emmené le curé, tous les blancs ont f...ilé dans les bois). »

Le Père Fauque fut déposé, quelque temps après, sur la côte de Macouria, non sans avoir beaucoup souffert.

NOTE 1 (page 2)

Ce conte, dont le cadre est connu depuis plus d'un siècle dans la colonie, est un des plus ingénieux que j'aie entendu raconter en créole. Il fait exception aux conceptions beaucoup plus grossières, qui forment ordinairement le fond du conte nègre.

NOTE 2 (page 4)

Voir, page 155, le commentaire sur cette exclamation très usitée en créole.

NOTE 3 (page 14)

Le *gros-ventre* est un poisson fort curieux que l'on rencontre assez fréquemment à la Guyane, échoué sur les plages de sable. Voici ce qu'en dit le Père Labat. « On ne trouve ce poisson qu'à Cayenne. On l'a appelé *gros-ventre*, à cause d'une grosse vessie, qu'il enfle quand il le veut, et sur laquelle il se fait porter entièrement au-dessus de la surface de la mer. Sa chair est délicate, mais pour la manger il faut, dès qu'il est hors de l'eau, lui arracher cette vessie et tous les intestins ; autrement, on s'empoisonnerait. »

Plusieurs transportés sont morts, à ma connaissance, pour avoir mangé du gros-ventre sans avoir pris cette précaution.

NOTE 4 (page 14)

Les nègres ont, en général, les yeux à fleur de tête. Avoir les yeux caves est pour eux une difformité repoussante.

NOTE 5 (page 16)

A la Guyane, on nomme *chantiers* des établissements formés en pleine forêt pour l'exploitation du bois. On ne les trouve guère maintenant que dans le haut des rivières, la zone du littoral ayant été exploitée la première.

NOTE 6 (page 16)

Pagara, sorte de panier carré à couverture imperméable. Il sert ordinairement de malle et de valise.

NOTE 7 (page 16)

M. de Gennes, navigateur très connu, obtint de Louis

XIV des lettres-patentes qui l'autorisaient à créer dans le haut de la rivière d'Oyac un établissement, qui fut érigé en comté en 1698, mais qui n'eut qu'une existence éphémère. De là, le nom de rivière de *la Comté*, resté à l'une des branches de l'Oyac.

NOTE 8 (page 18)

Le *palan* est une longue ligne de pêche tendue dans l'eau, entre deux grosses calebasses qui servent de bouées.

NOTE 9 (page 18)

Le *tonacri* est un monstre marin fabuleux qui, la nuit, montre sa tête sur l'eau, allonge son bras énorme et entraîne le pêcheur imprudent endormi dans sa pirogue.

NOTE 10 (page 20)

Le *cayeman*, ou plutôt *caïman*, est le crocodile de la Guyane. Il y en a qui atteignent jusqu'à 7 mètres de longueur.

NOTE 11 (page 20)

La *manman-dilo* (mère des eaux) est une sorte de sirène qui attire et fait périr au fond de l'eau l'imprudent qui s'approche d'elle pour lui voir peigner sa magnifique chevelure.

NOTE 12 (page 20)

Ce proverbe créole, très expressif, est souvent employé pour avertir qu'une plaisanterie dépasse les bornes permises.

NOTE 13 (page 20)

Le *singe rouge, singe hurleur* (stentor) est le plus remarquable des singes de la Guyane. Sa taille dépasse quelquefois 1 mètre 50 cent.; les longs poils roux qui couvrent son corps disgracieux se dressent en auréole autour de son hideux visage. Son long collier de barbe se termine en pointe. Son torse grêle supporte un ventre énorme. Mais ce qui caractérise surtout les singes de cette espèce est le développement extraordinaire de leur os hyoïde et de leur gosier. Cette disposition singulière de l'organe de la voix leur permet de pousser des hurlements qui rappellent ceux du lion, et qui retentissent à plusieurs kilomètres dans les bois. C'est au point du jour qu'ils se font entendre.

Il existe, à la Guyane, un oiseau fort rare qui jouit d'une faculté analogue ; il est plus petit qu'un merle, de couleur sombre, et se tient dans les parties les plus solitaires des forêts vierges. Je ne l'ai vu et entendu qu'une seule fois, mais avec une stupéfaction profonde. Il fait retentir les échos de quatre notes prolongées, qui ressemblent exactement à du plain-chant, et dont le volume incroyable ferait envie à un chantre de cathédrale. C'est pour cela que les noirs l'appellent *zozo monpè*, l'oiseau-prêtre.

NOTE 14 (page 22)

Le texte dit : « Il me conduirait dans une eau profonde. » C'est un des nombreux proverbes usités en créole.

NOTE 15 (page 24)

Dans les croyances superstitieuses des nègres, les *masquililis* sont des nains d'une vigueur extraordinaire, qui habitent en bandes dans les forêts. Leurs pieds sont tournés en arrière ; ils enlèvent volontiers les enfants et, avant de les laisser aller, ils les rendent muets.

NOTE 16 (page 28)

Dans mon enfance, il m'est arrivé bien souvent, à la campagne, de m'approcher d'un groupe de noirs assis autour du petit feu qui est l'indispensable compagnon de leurs veillées. Je demandais si personne ne voulait conter un conte et j'attendais. Après un silence quelquefois assez long, une voix disait : « Masak ! masak ! » C'était un conteur qui s'annonçait, et toute la compagnie répondait avec empressement « Kam ! » J'ai, en vain, cherché à remonter à l'origine de cet usage et à trouver un sens à ces paroles.

J'ai choisi, pour le raconter en prose, le conte le plus simple du répertoire que je me rappelle, afin qu'il fût moins altéré par l'impossibilité de reproduire les gestes, les exclamations, les chants répétés en chœur par l'auditoire, qui sont l'accessoire ordinaire de ces longues narrations, et qui leur donne souvent leur seule saveur. Ces chants, modulés sur quelques phrases musicales, d'une harmonie très originale et souvent empreints d'une suave mélancolie, n'ont malheureusement que des paroles dépourvues de toute grâce et de toute poésie. L'imagination des noirs est, en effet, plutôt bizarre que féconde. Il n'est pas rare de voir dans un conte un éléphant cousin d'un corbeau ou frère d'un requin, sans qu'il soit possible de trouver un sens allégorique à cette parenté. D'autres fois, au contraire, la fabulation rend l'allégorie très transparente. Ainsi, une jeune fille est courtisée en même temps par une tortue pleine d'esprit et par un tigre aussi bête que méchant. *Monsieur* tortue, à force de ruses, finit par seller et brider le tigre, et se fait porter par lui aux pieds de la belle, qui éconduit le brutal imbécile. Une autre fois, une jeune coquette se laisse séduire par les couleurs brillantes d'une couleuvre, qui n'est qu'un diable déguisé. Car, pour le dire en passant, diables et diablesses jouent un rôle considérable dans les contes nègres. Mais ce qui donne le plus souvent du prix à ces compositions singulières, c'est l'observation minutieuse des mœurs, des habitudes, des allures des animaux mis en scène, et le soin que prend le narrateur de les peindre scrupuleusement. A ce point de vue, le conte enfantin du *Chien et du Chat* a réellement une certaine originalité.

NOTE 17 (page 30)

Pour conserver la viande dans les colonies, on la fume sur une sorte de grille en bois nommée *boucan*, au-dessous de laquelle on entretien un feu de bois vert. A Saint-Domingue, les *boucaniers* préparaient ainsi la viande de bœuf sauvage, qui se débitait dans toutes les Antilles.

NOTE 18 (page 32)

A Cayenne, les maisons sont couvertes en planchettes de bois dur appelées *bardeaux*.

NOTE 19 (page 36)

L'*igname* est une plante grimpante, dont la racine féculente remplace, en partie, la pomme de terre, à Cayenne.

NOTE 20 (page 36)

A la Guyane, la végétation est tellement active que,

NOTES ET COMMENTAIRES

pour cultiver un champ, il faut toujours commencer par le débarrasser d'un bois ancien ou nouveau. De là, l'expression *faire un abattis*.

NOTE 21 (page 40)

Le texte dit : Ils *allèrent à l'avancée*. A l'origine de la colonie, le marché se tenait hors de l'enceinte de la ville, à *l'avancée* des fortifications. Le nom d'avancée est resté au *marché*.

NOTE 22 (page 40)

Ici, le conteur nègre chanterait longuement la chanson du chien, qui serait répétée en chœur par l'auditoire.

NOTE 23 (page 44)

Le *piaye* est un sortilége fort redouté par les noirs; il y en a de toutes sortes et qui sont fort inoffensifs quand ils ne se traduisent pas par l'administration d'une substance malsaine, ou même d'un poison, ce qui arrive trop fréquemment. Il y a des piayes pour se faire aimer, pour préserver d'une maladie ou pour la donner, etc. J'ai vu la récolte d'un arbre fruitier, dont le propriétaire pouvait ordinairement sauver à peine quelques fruits des larcins des noirs, miraculeusement préservée tout entière. La bonne dame avait oublié un vieux gant au pied de l'arbre. Les noirs crurent à un piaye, se gardèrent bien de rien voler, mais lui firent plus tard un reproche amer d'avoir employé un moyen aussi illicite de préserver sa propriété. Ils ne tinrent aucun compte des dénégations de la pauvre femme,

NOTE 24 (page 48)

Un conteur nègre ne manque jamais de clore son récit

par quelque épilogue dans le genre de celui-ci, qui est du type le plus usité.

NOTE 25 (page 49)

Cette fable est l'imitation d'une fable anglaise.

NOTE 26 (page 54)

Cette fable n'est qu'une traduction presque littérale de la fable de Lafonfaine.

NOTE 27 (page 56)

Fable imitée de Lafontaine.

NOTE 28 (page 56)

Les quartiers de la côte ouest de la colonie, dits quartiers *sous le vent*, parce que les vents alizés qui règnent toujours à la Guyane dépendent de l'est, sont les seuls, avec l'île de Cayenne elle-même, où les communications se fassent à cheval. Partout ailleurs on voyage en embarcation.

NOTE 29 (page 60)

Cette fable est une imitation de la fable de Lafontaine le *Renard et le Corbeau*; mais ni l'un ni l'autre de ces animaux n'existe à la Guyane.

NOTE 30 (page 60)

Le chien-crabier est un quadrupède de la taille du chien de berger, auquel il ressemblerait beaucoup s'il n'avait le poil fauve et les oreilles plus longues. Il se nourrit exclusivement de crustacés, et fait en cela concurrence aux nègres et aux créoles, car on mange à Cayenne beaucoup de *crabes*, de *calichats* et de *canores*.

Le crabe, proprement dit, est gros comme le poing ; il est d'un rouge un peu sombre. Le calichat est un petit crabe de couleur vermeille, avec lequel on fait des potages très délicats. Le cancre est semblable au cancre d'Europe. Lorsque la mer est basse, les noirs vont sur la vase dure et enfoncent un bâton à crochet dans le trou du crabe, qui saisit le bâton avec ses pinces ; il est alors tiré brusquement hors du trou, et le chasseur (ou pêcheur) s'en rend facilement maître. Les noirs affirment que le chien-crabier poussé par la faim procède de la même façon, en remplaçant le bâton par sa queue. Lorsque le crabe pince, la douleur fait pousser des cris plaintifs au malheureux animal ; de là le proverbe créole : *bònò chien-krabić* (bonheur de chien-crabier), félicité qui ne s'acquiert pas sans souffrance.

Le *couroumou* (vultur urubu), qui, dans la fable créole, remplace le corbeau de Lafontaine, est un vautour très commun dans toute l'Amérique centrale. Il est de la taille d'une grosse poule, mais plus élevé sur ses pattes. Il est tout noir, y compris la tête et le cou, qui sont dénudés. Son vol est très puissant, sa vue perçante et son odorat d'une telle finesse, qu'il lui fait découvrir les animaux morts dans les fourrés les plus épais et les plus solitaires. Dans les villes, il est en bandes aussi nombreuses et aussi familières que nos moineaux. C'est l'agent le plus actif de la salubrité publique : il débarrasse immédiatement les rues des immondices. Après les pluies, on voit les couroumous alignés en longues files sur les toits, ouvrant largement leurs ailes pour se sécher. Ils nichent, dit-on, dans les rochers les plus inaccessibles des montagnes de l'intérieur ; ce qu'il y a de certain, c'est qu'on n'en voit jamais que d'adultes à Cayenne. Les nègres lui donnent quelquefois le nom de *corbeau* (krobo), mais c'est une expression de mépris.

NOTE 31 (page 65)

Cette fable est imitée de Lafontaine. La note pr[é...] fait connaître le chien-crabier, qui remplace ici le [...].

NOTE 32 (page 72)

Cette fable, imitée du *Loup et l'Agneau* de Lafo[ntaine] est d'une naïveté charmante en créole. Ce fut la pre[mière] que mon frère aîné (mort à Cayenne en 1865) compo[sa] après les chansons enfantines qui suivent. Il doit être considéré comme le véritable créateur de la poésie créole. Il a laissé un certain nombre de pièces légères en vers français, qui sont loin d'être sans mérite et qui brillent surtout par la verve et l'esprit.

NOTE 33 (page 78)

Cette fable, imitée de Lafontaine, contient dans le texte créole plusieurs idiotismes intraduisibles.

NOTE 34 (page 86)

Calimbé, bande de cotonnade bleue, large de 12 à 15 centimètres, longue de 1 mètre 50 cent. à 2 mètres, dont les nègres et les Indiens parviennent à se constituer un vêtement. Les noirs ne le portent plus que dans les embarcations de pêche et au travail des champs. Dans ma jeunesse, beaucoup d'entre eux circulaient à Cayenne dans ce costume, et leurs femmes n'avaient qu'un *camisa*, pièce d'étoffe formant jupe. Ce n'est que sous le gouvernement de M. de Laussat (1819 à 1823) que le pantalon pour les nègres et la vareuse pour les négresses sont devenus obligatoires par ordonnance de police.

NOTES ET COMMENTAIRES

NOTE 35 (page 86)

L'*apan*, crapeau dont j'ignore le nom scientifique, est gros comme un petit melon. Son coassement ressemble à celui que fait un gros marteau en frappant sur une pièce de charpente.

NOTE 36 (page 88)

Au temps de l'esclavage, ce n'était que le jour de noces qu'il était permis aux esclaves de porter des chaussures. Ils usaient avec empressement de ce privilége éphémère, et les femmes, lorsqu'elles le pouvaient, mettaient ce jour-là une vaste paire de souliers de satin blanc (sans bas, bien entendu).

NOTE 37 (page 95)

Mon frère, mort en 1841 procureur du roi à la Martinique, faisait les vers français avec la plus grande facilité. Il était auteur de plusieurs poésies créoles. Cette romance est la seule que j'aie pu recueillir.

NOTE 38 (page 109)

Cette orthographe serait préférable à celle employée dans le créole qui précède ; j'aurais écrit *banan*'.

NOTE 39 (page 111)

J'écris *térin*', l'accent remplaçant l'*e* muet, inconnu en créole. Un lecteur français serait trop enclin à prononcer *térin* comme *terrain*.

NOTE 40 (page 114)

Par un motif analogue à celui invoqué dans la note

précédente, j'écris *ou*. Un lecteur français prononcerait involontairement *u*, et un nègre peu lettré, *i*. (Voir p. 190.)

NOTE 41 (page 155)

Non seulement mon neveu n'exagère pas le nombre et la diversité des interprétations dont cette sourde interjection, émise simple ou double et sans ouvrir la bouche, est susceptible, mais encore il reste au-dessous de la vérité. Ainsi, suivant l'intonation, un créole comprendra sans hésiter :

Oui, — adhésion pure et simple, — avec satisfaction, — avec étonnement, — avec résignation, etc.

Non, — négation pure et simple, — refus avec protestation, — avec supplication, etc.

Admiration pure et simple, — avec crainte, — avec regret.

L'indifférence pure et simple, — avec dédain, — avec défi, etc.

Avis timide de ne pas faire une chose : prenez garde !

Je m'y attendais ! Je l'avais bien dit ! etc., etc.

FIN

TABLE DES MATIÈRES

Avant-Propos	V
Introduction à l'histoire de Cayenne.	VII
I. Coup d'œil général sur les Guyanes . .	VII
II. La Guyane française.	XVIII
III. Histoire à faire.	XXV
IV. Esquisse historique.	XXVIII
Épilogue.	LV
Avis pour lire et prononcer le créole . . .	LX
Contes, Fables et Chansons	1
I. Nèg, Inguien ké Blang	3
II. Léko	15
III. Chien ké chat.	29
IV. Dé chat ké makak.	51
V. Signl ké froumi.	55
VI. Chouval ké milé.	57
VII. Chien-krabié ké kromou	60

VIII. Chien-krabié ki li so lakio.....	67
IX. Tig ké piti mouton................	73
X. Kanari ké chouguiè	79
XI. Krapo...........................	85
XII. Néné Toto......................	91
ROMANCE	93
Zami, aguié........................	95
NOTICE GRAMMATICALE..................	99
Observation	100
I. Considérations préliminaires........	101
II. De l'alphabet....................	106
III. Des parties du discours	115
De l'article.....................	115
Du substantif....................	118
Du pronom.......................	121
De l'adjectif	125
Du verbe........................	130
Du participe.....................	147
De l'adverbe.....................	148
De la préposition.................	150
De la conjonction................	152
De l'interjection.................	153
IV. Considérations générales	157
NOTES ET COMMENTAIRES.................	171

ANTIBES. — IMPRIMERIE DE J. MARCHAND.

www.ingramcontent.com/pod-product-compliance
Lightning Source LLC
Chambersburg PA
CBHW050317170426
43200CB00009BA/1361